從心開始
每天清除心靈癌細胞

陳 月 卿

導讀

改變一生的心靈遊戲

透過我的書和媒體報導，很多人都知道我用全食物精力湯幫助先生蘇起防止肝癌復發和轉移，二十多年來他一直很健康，並且能從事他所喜愛的學術研究和公共政策工作。

很多人也許也知道，我用全食物精力湯幫自己贏回了健康，甩掉「藥罐子」稱號，還在四十歲高齡先後生了兩個寶寶，讓我們全家更幸福、更快樂；同時，在家安頓好之後，行有餘力，還參與癌症關懷基金會，幫助更多癌症朋友減少癌症的憂懼與病苦。

可是大家不知道的是：如果沒有一場又一場的心靈遊戲和聖嚴法師教導的禪法，這一切也許不會這麼圓滿。

是心靈遊戲幫助我建立不輕易放棄、積極樂觀、追根究柢、貫徹執行的好習慣；是聖嚴法師教我學會放鬆、柔軟、謙卑、去除我執、觀照自己的起心動念，並且自利利他的心法，徹底改變了我的觀念、改善了我的健康、也改寫了我的命運。

最近一、二十年，「身心靈健康」這個概念越來越受到重視，科學研究也一再證實身心交互影響的密切，生病固然影響心情，情緒也會致病。譬如內心有壓力就會影響我們的自律神經，導致血管收縮，引起高血壓。這時只要學會釋放壓力、放鬆身心，就可以讓血壓恢復正常，比一味用藥物控制高血壓效果更好，而且治本。

很多不明原因的慢性疲勞、疼痛、心悸、失眠已經被證實跟壓力、焦慮、憤怒、恐懼、哀傷這些情緒有關。時髦的激躁性腸胃症候群，更是典型的情緒症候群。即使是感染性的疾病，也可能跟情緒和壓力有關，因為壓力會干擾免疫系統，造成免疫力下降，增加感染生病的機率。雖然致癌的機轉到現在還未完全明瞭，但癌症的發生與惡化跟免疫力下降也有密切關係，研究就發現許多癌症病人的T型淋巴球數目明顯地減少。

所以如果你看過我的《每天清除癌細胞》，學會如何利用全食物每天清除身體的癌細胞；你更要看看這本《從心開始》，看我如何從消極悲觀轉為積極樂觀，如何清除恐懼、悲傷、焦慮、憤怒、嫉妒、不平這些心靈垃圾，如何像拔除野草一樣拔除時刻滋生的妄念，減少身心壓力。其實藉著一些簡單的心靈遊戲和生活禪法，我們可以每天清除心靈癌細胞，揮別情緒風暴，找到內心的清淨與自在，開啟截然不同的健康幸福人生。最重要的是它們都跟全食物養生法一樣簡單易行，可以在忙碌的生活中實踐。

《從心開始》最早在民國八十六年出版。當時我剛走出蘇起癌症復發的陰影，兩個孩子相繼出生，我已經開始將聖嚴法師的禪法陸續運用在生活中，深深感受到換心再出發的輕鬆愉悅，所以在出版社的邀約下，出版了這本書，也引起不少迴響，把我跟許多讀者的心拉得更近。

經過十六年，時序由二十世紀轉入二十一世紀，大家對心靈的轉變、提升越來越期盼，而我在禪法上的體悟越深，越發現這是一套可以日常實踐並帶來深刻身心變化的心靈法則。更好的是：藉由改變想法、觀念、行為，好像也徹底翻轉了我的人生——由驚濤駭浪、身心困頓，航向風平浪靜、歲月靜好。印證了聖嚴法師所說：「只要奉行佛法，管好你的起心動念，你就不需要算命了。」

聖嚴法師生前常感嘆：「佛法這麼好，可是知道的人這麼少。」如今聖嚴法師逝世已經四年，更覺得有必要把師父的法藉由我的親身實踐，告訴大家：佛法不深、不難，都是可以在生活中實踐的生活禪，而且妙用無窮。我想如果像我出發前條件那麼差、用功程度比起其他弟子又差了許多，可是仍能深深受益，相信可以激起大家實踐的意願，所以不揣淺陋接受時報出版的建議，重新改寫出版《從心開始》，並且保留原來大部分篇章，希望透過時間的縱深，更能幫助讀者觀察審視這套心法的運用與效果。

最近關於大腦的研究越來越多，科學家發現，「人的大腦比較偏向悲觀，因為演化要你未雨綢繆，事先防範，……因此我們身上都有祖先傾向悲觀的基因……為了克服大腦天生偏好憂鬱的傾向，我們必須練習去想美好的事，學習感恩」（**註：洪蘭，《邁向圓滿》，P.20～P.21。**）

感恩與祝福就是聖嚴法師教會我最重要的事，歡迎你跟我一起來練習這套心法，玩一場改變一生的心靈遊戲。

推薦序

她的心靈沒有癌

從以前當記者，到現在成為養生達人，陳月卿一直是光鮮亮麗的，健美健談的。癌症見了她也要退避三分。

她陪著先生走過抗癌歲月，鑽研並研發食療的養生食譜，成功擊退癌細胞，維持家庭的幸福美滿，那段故事廣為人知，也確實鼓舞了多少患者，幫助了多少受難的家庭。連像我一般幸運未曾罹癌的人，也都引用她的養生之道，提升生活品質。

現在她更進一步，要來幫助我們清除心靈癌細胞！

月卿絕對有能力做到的，因為她從自己做起，她從心開始。

她是那樣一個清淨、真誠、沒有虛矯的人！如果你看看電視《健康兩點靈》，她主持節目的風範，恰可呈現她為人的品德。她把舞台光亮留給來賓，做球讓他們發光，自己從來不搶話，當然也不搶鏡頭。因為充滿自信，而又謙虛為懷，她自然而然把信心灌輸給了來賓，當然也給了觀眾。在各方面的養生知識，她絕對是飽滿充實的，也已被公認是專家，但是她讓自己每一次歸零，站在觀眾的立場，去挖掘大家想知道的問題，她不擔心自己顯得無知。這是她的體貼，她的智慧，她的修為。

我有幸也認識了螢幕下的她。有一次她趕來聚餐，竟為臉上的化妝向大家道歉，說是因為剛下節目，來不及卸妝。其實她淡妝雅致，美麗非凡。由此可見她不習慣用修飾過的自己跟朋友相處，她總是以原來面目與人交往，那麼真實真心。還有一次，他和蘇起在我家聊天，蘇啟嗑瓜子功力一流，邊說邊嗑，喀喀喀好盡興，月卿在一旁帶著微笑看著，安靜地聆聽著，經過大風浪，他們的恩愛是那麼扎實平實。過年時邀他們來家中團聚吃烤肉，月卿其實一點也不拘謹於健康食譜，她說開心很重要，鼓勵丈夫兒子多吃些。晚上放煙火，月卿開心得像小孩子，摀著耳朵拿著香去點煙火，跑得飛快，她說那是生平第一次放炮。她是那麼天真自然，打從心底的享受生活！

所以我說，月卿絕對可以幫助我們清除心靈的癌細胞，因為她的品德修為，她的真實生活，在在顯現她自己是一個心靈沒有罹癌的好人！

趨勢科技共同創辦人／文化長
陳怡蓁

自序

從心開始——每天清除心靈癌細胞

作為一個電視工作者，我看過太多的苦難與不幸，我也聽過太多的憤懣與抱怨；的確，這世間似乎是太苦了，這麼多人汲汲於追求快樂幸福，卻經常在痛苦、煩惱、失望、憂愁、恐懼的漩渦裡打轉。

曾經我也是漩渦裡的一員，直到我發現了心靈的力量，玩過一場又一場的心靈遊戲，累積了足夠的能量引爆心靈革命；然後我發現天地原來可以這樣開闊，生命可以這樣豐富而單純。

從小我就是個害羞內向的孩子，一直到大學還是沒有辦法自在地跟陌生人交談，更害怕在公眾場合說話，是心靈的力量幫助我克服這個個性上的缺點。

小學一年級，老師就在我的成績單寫上「消極悲觀」這四字評語，一語道破我另一個個性上的弱點。消極悲觀為我製造人與人之間一道又一道的藩籬，是心靈的力量幫我跳脫這些藩籬障礙。

我很害怕挫折和失敗。因為不願嘗到挫折和失敗的滋味，我甚至拒絕嘗試，但卻因此嘗到更多的挫敗。是心靈的遊戲幫助我認清：挫折和失敗原來是踏腳石而不是絆腳石。

當瓶頸來臨，工作變得沉重又無趣，是心靈的遊戲幫我重燃工作的樂趣，並且從中獲得新的收穫與成長。

工作的壓力、生活上的不如意，不時引發情緒風暴，憂愁、煩惱、憤怒、悲傷、恐懼、不平、自憐……種種風暴輪番上陣。當風暴過境，身心都飽受摧殘，是心靈革命幫我找到情緒風暴的避風港。更重要的是心靈革命幫我創造了雙贏的婚姻，讓我享受溫馨甜蜜的家庭生活，而不再有茶壺裡的風暴。

也許你要問：「心靈」是什麼？「心靈」有什麼力量？「心靈的遊戲」又是什麼？什麼是「心靈革命」？如何引爆「心靈革命」？這些問題在下面的章節裡將會詳盡地回答。在回答這些問題的時候，當然免不了也會邀你走進我的生命，藉著真實的事例告訴你這一切是怎麼發生的，所以請原諒書中經常談到「我」、「我」、「我」……

「心靈革命」這四個字聽起來很偉大，做起來卻不難，更好的是它確實可行。它也許不是萬靈丹，沒有辦法解決你生命裡所有的問題與困難，但它卻像一支槓桿，可以輕易地把你從現實的漩渦裡拉出來。從一個高點審視你的困難與問題。看得清楚，問題就好解決多了。

至少我是深深地嘗過心靈革命的好處。如果你跟我一樣有一些個性上的弱點，也常常有一些不如意，卻不願意被這些弱點和不如意擊倒，或者你只單純地希望明天會更好，我都歡迎你加入心靈革命的行列，玩一些心靈遊戲，讓一切從「心」開始。

【目錄】

導讀——改變一生的心靈遊戲
推薦序——她的心靈沒有癌 陳怡蓁
自序——從心開始 每天清除心靈癌細胞 陳月卿

第一章 打開心靈之窗

心靈與心能 16
達賴回頭對我笑了一笑 19
好山好水啟動心靈革命 22
富蘭克林的啟蒙 25
性格決定命運 28
江山不易改，本性不難移 30

第二章 換心再出發

積極的人生觀 36
樂觀積極把我送進了電視台 39
玩一個心靈遊戲 43

人的潛力無限 47
挫折是朋友 56
改變觀念，讓生命煥然一新 60

第三章
用心，打造好姻緣
從心開始，創造雙贏的婚姻 64
用心領受化身為災難的祝福 67
聖嚴法師送我一個孩子 72
兒女是上天最好的禮物 76
婚姻是最好的修煉場 80

第四章
倒掉心中的垃圾
掙脫與自我糾纏不清的情緒 86
愈害怕愈要去嘗試 93
放鬆情緒，忘記恐懼 95
猜疑——人際關係中最大的地雷 97
拿掉心中猜疑的種子 100
贏了世界又如何？ 104
千萬別做怨恨的「奴隸」 107
放開自己，為自己鬆綁 110
別讓自憐毀了自己 113
別讓嫉妒刺傷你 116
為什麼老找藉口？ 119
接受它、面對它、處理它、然後放下它 122

第五章

玩一個轉念的遊戲

尋找自己的生命藍圖 128
活出自我的極限 132
失敗的成功者vs.成功的失敗者 136
接受不能改變的，改變可以改變的 139
承認事實，走出陰影 142
牽牛花只是開到牆的另一邊去了 145
玩一個換念頭的遊戲 147

第六章

添加心靈的燃料

珍惜每次小小的成功 152
我們都是天生贏家 156
一點點哲學 158
積極樂觀，改變人生 162
紅玻璃與藍玻璃 167
白紙與黑點 170

第七章

用心體會，生活禪

心是一切的源頭 176
微笑法和呼吸法 179
心想果然事成 184
擁有太多也是負擔 186
追求無形的快樂 189
質能互換的真諦 192
用關懷創造幸福 195
自在——品嚐禪的滋味 197
祝福與感恩 199
存好心、說好話、做好事 203

後記 206

第一章

打開心靈之窗

對我來說，心靈革命是一連串的過程，它好像沒有起點，也還沒到終點，而是在緩慢的過程中，不斷地累積能量，產生變化。

心靈與心能

要談心靈革命，首先得先說明「心」是什麼？要釐清心的定義，加上考證引據，那足可寫上一大篇論文。可是這並不是一本學術論著，我只想給「心」一個簡單的界定。當然你知道我指的不單純是胸腔裡面撲通撲通跳著的心——也就是心臟。我所指的心，包含的層面更大，可以稱之為心靈，它是心臟、頭腦、思想、觀念、精神、意志，甚至性格的綜合，也可以用「心念」來說明它。它不只是抽象的存在，它也是一種能力，可以稱之為心能。

這幾十年來，歐美各國都投注了不少心力在研究心靈的問題。英國BBC就報導過在前蘇聯所進行的一項研究。主持這項研究的科學家在莫斯科和聖彼得堡各設了一個場地，在莫斯科這邊，一個志願者身上接上了各種醫學上的監控儀器，還有醫生在一旁；在聖彼得堡這邊則是一位具有心靈超能力的人。

實驗開始，主持人要這位有超能力的人用心念想像扼死在莫斯科的受試者。果然過了一段時間之後，這位受試者開始出現呼吸困難等彷彿被人扼住脖子的現象。醫生一直注視著監控儀器所顯示的訊號，直到受試者出現了危急的情況，他立刻喊停；在聖彼得堡那方也立刻停止了心念輸出，結果，情況危急的受試者又逐漸恢復順暢呼吸。

可惜由於缺乏普遍性，這方面的研究到現在還沒有辦法獲得一致的結論，有些也還沒有公開。不過各國媒體都報導過一些具有超能力的人，譬如有人能用心念弄彎湯匙，有人可以看出隱藏在盒子裡或是摺起來的紙上面寫的字或畫的圖案……不一而足。

我舉這些例子，主要是想說明，心的確有許多解不開的謎，心靈的力量有多大，實在值得我們研究。不過我所說的心靈革命並不是要練就一身超能力，而是要用心靈的力量，解決我們的困難與問題，讓我們在現實生活裡活得更自在如意。

就像我們的身體，如果營養充足，經常運動，睡眠也足夠，體力和體能就很好，充滿了爆發力，什麼困難的動作都可以做。同樣地，我們的心靈，如果餵給它良好的精神食糧，同時藉著心靈遊戲來鍛鍊它、凝聚它，它的能量也會不斷增強，可以發揮你想像不到的力量。

心很重要，心快樂，你就快樂；心滿足，你也就滿足了。

咱們中國人信仰了千年的佛、儒、道，都是在講心，所有古老文明也都認為心是智慧和精神成就的源頭。透過科學研究，現在人們對心與腦的運作越來越瞭解，也對心靈的力量越來越肯定。

過去，我們認為心和腦是個別運作的，現在許多研究證實心腦是相依的，它們透過荷爾蒙和磁場相連接。過去，科學界一直認為「腦」是身心掌舵者，但是最新的研究顯示：「心臟是人體中最強的生物震盪器，會使身體其他頻率與其同步，包括腦波」。心與腦波的頻率能夠同步，你的智能就會提高，做事效率也會隨之提高。所以，「心」好像才是帶動身心走向的火車頭。

當身心和諧、平衡時，身體的功能，包括免疫、消化、呼吸、循環、思考能力才能正常運作，因此心念對健康有相當大的影響；當一個人存著善的、關懷別人的念頭時，他的免疫力會大幅提昇。不少研究也顯示，信念可以啟動療癒的過程，只要患者對自己的治癒有信心，病情也會改善，有人因而發展出一套身、心、靈整體健康的觀念和方法，幫助癌症病人重拾健康。

你想享受身心和諧的快樂嗎？讓我們一起經歷一場心靈革命，發掘心靈的力量吧！

達賴回頭對我笑了一笑

講到心念、心能與超能力，很多人大概會聯想到佛經中所說的六通，也就是天眼通、天耳通、他心通……等，據說有些人修持很好，就會出現神通，也有些人天生就有神通。由於少數不肖之徒假藉神通騙財騙色，所以不少人對神通十分排斥，認為這根本就是怪力亂神、胡說八道。我以前也是抱持這種態度，直到我有了一次相當奇特的經驗。

那是民國七十三年底，當時我擔任《華視新聞雜誌》的製作人兼主持人，為了專訪西藏宗教領袖達賴喇嘛，我特地到印度北部的佛陀迦雅（釋迦牟尼佛得道的地方），因為達賴要在那裡舉行一場盛大的法會，他答應在法會期間接受我的專訪。為了參加這場法會，許多海內外藏胞不遠千里而來，許多藏胞甚至翻山越嶺，冒著生命危險，從西藏內地偷渡入境。一下子湧進來十幾萬人，把這個人口不多的山城擠得滿滿的，連吃、住都成了大問題。

不論是在熙來攘往的大街上，還是莊嚴古樸的寺廟中，我幾乎一眼就可以判讀出走過身邊藏胞的身分。國外來的藏胞，穿著光鮮的傳統藏服，氣色感覺都不一樣；而內地來的藏胞，因為在杳無人跡的山間小徑跋涉了一、二個月才辛苦趕到，自然風霜滿臉，衣衫襤褸，那種窘迫的樣子，簡直和乞丐沒有分別，然而他們卻是最虔誠的一群。

我永遠也忘不了那一幕……

一天的法會結束了，達賴移駕到一座鑲滿玻璃窗戶的廟宇中修祕密法（在密宗裡，每次上師在公開的法會結束後，都要修的一種特別法），為了防止信徒太靠近，打擾到上師，寺廟四周還圍著一圈竹欄杆。

當時正值夕陽西下，紅霞滿天，我看到那群內地來的藏胞全匍伏在地，向達賴喇嘛行五體投地的大跪拜禮；而每張于思百結的臉上，寫滿了虔誠，有的甚至淚流滿面，嘴裡還不停低聲禱告著，那種由衷虔誠所散發出的力量，襯著身後金紅色的日影，看得我滿心感動，不由得也濕了眼眶。

站在人群中，看著達賴喇嘛背對著我的身影，我忽然想到，其實要成為一個偉大的宗教領袖、別人眼中的活佛救星，並不容易。根據我在出發前研讀過的許多資料顯示：達賴兩歲就被認證為活佛轉世，四歲不到就被接入宮中，接受特別的教育與訓練，他必須讀很多功課、唸很多經、學很多儀軌，根本沒有享受過家庭生活，也沒有快樂的童年。後來中共入侵西藏，年輕的他又匆匆逃離，過著顛沛流離、寄人籬下的日子；而全世界的藏人卻都把希望寄託在他身上，我想他的負擔一定很沉重……

才想到這裡，忽然距離我有十公尺遠的達賴喇嘛回過頭來向我笑了一笑，彷彿知道我在想什麼。

當時我差點魂飛魄散，心跳得好快，臉也倏忽燙了起來，那一剎那的感覺，真是難以形容，就好像心底的祕密全被識破。要知道，思想是很快的，我現在可以描述很多當時的情境想法，但那也只是電光石火、心念一轉的時間，他回頭這麼一笑，好像在贊同我的想法，這難道就是佛教中所說的他心通嗎？

我不敢說達賴是不是有他心通，但那真是一次很奇妙的經驗，到現在我還沒法子解釋。當然，我也沒常和人提起，因為我不是那種喜歡渲染迷信的人。不過這次的經驗更讓我確定，心靈的力量不能低估，也許我們現在的科技還不能證實、發現什麼，但不是也有很多學者堅稱，人類事實上只用了潛能的百分之十，還有百分之九十的腦細胞是完全沒有用到的。

對我來說，內心世界的確比外在世界豐富太多了，值得細細探索，與其花時間力氣盲目追逐流俗，還不如花點時間跟自己的心好好相處，體會它的豐富與力量。自從有了這層體會，我的煩惱少多了，好像也找到一支鑰匙，慢慢開啟了一部分心的力量。

好山好水啟動心靈革命

對我來說，心靈革命是一連串的過程，它好像沒有起點，也還沒到終點，而是在緩慢的過程中，不斷地累積能量，產生變化。

如果真的想找個起點，也許可以從我的童年開始說吧！我的童年是在大自然的洗禮中度過的。苗栗公館的鶴山村，你聽過嗎？

鶴山村——飛舞著白鶴的山村，多美的名字！也是個好美的地方。雖然沒有白鶴飛舞卻有山有水，村子四周是綠油油的稻田。我還深刻記得冬末春初，田裡的油菜花迎著陽光，開出一大片一大片的澄黃；還有那鋪滿山坡的苜蓿，是夢幻般的紫藍色，雖然那時候還不懂大塊假我以文章的意思，但這樣的景色，總讓我陶醉感動得說不出話來。

還有，那不知名的小溪、河川，清澈見底，我們可以在溪裡摸魚撈蝦，在河邊打水仗，看著天光雲影在河水上變換顏色。在田埂上奔跑，釣青蛙、捉蚱蜢……，更是孩子們熱衷的遊戲。當稻子豐收時，農人忙著割稻打穀，我們小孩也忙著撿拾剩下的稻粒，分享收成的喜悅，那種感覺真好。

山崗、河流、大樹、野草閒花，鳥叫蟲鳴、加上陽光、微雨、清風、薄霧，把我童年的心靈裝得滿滿的，豐富得不再需要多餘的東西。滿地都是現成的玩具，幾片葉子可以做出許多好玩的東西，弄出許多有趣的聲音；幾根竹片可以玩一個下午，而尤加利樹掉下來黃澄澄的種子，串起來就是最美的項鍊。被父母罵了、打了，或有什麼不順心的事，只要跑到田邊看看稻浪起伏，心事、委屈也就隨著稻浪漂走了。

除了大自然之外，書是我童年的最愛。也許是很小父母就教我認字塊吧，從我懂事的時候起，我就很愛看書。雖然唸的是鄉下小學，教室後面的童書卻是不缺的，當別的同學下了課，忙著跳房子、玩橡皮圈，我卻躲在教室後面，沉浸在美麗的故事裡。有一次看得太入神，還被鎖在教室裡，直到天黑了才驚醒、跳窗回家。

書給了我一個更廣闊的想像空間，各種神奇的童話故事、王子公主，更豐富了我想像的題材，也就在那個時候我第一次發現心的妙用，乘著幻想的翅膀，你要去哪裡就到哪裡，你也可以編各種故事來實現自己的心願。在大自然裡編夢，更讓幻想有了真實的背景，這也是我最愛的遊戲。

不過好景不長，小學四年級的時候，我忽然被一個念頭困住了，那就是「人為什麼要活著？」我不知道這念頭怎麼來的，也不知道如何回答，更不敢去問父母、老師，我想他們一定會笑我傻，或罵我沒事找事。

這個念頭不時困擾我，首先得到的結論是：人活著就是等待死亡。那我就想：為什麼不乾脆一出生就死，何必活一圈再死？慢慢地我有了「死了算了」的想法，覺得活著很沒意思。尤其喧騰一時的北一女學生首仙仙自殺事件，更讓我又感傷又有一絲羨慕，只感嘆自己沒這樣的勇氣，又怕父母傷心。

還好在我國中的時候遇到了一位大貴人，也是我心靈革命的啟蒙者，他幫助我走出了陰鬱的想法，找到另一片天空，也開始鍛鍊心靈力量的歷程，他是誰呢？你不妨猜一猜。

富蘭克林的啟蒙

如果中學時期沒有碰到富蘭克林，我這一生還不知是什麼局面，可以說，《富蘭克林自傳》這本書使我的人生完全改觀。

這位在美國建國史上與華盛頓同期的偉人，原來只是個印刷小工，家境窮困，也沒受過什麼教育，但他十分好學；在別人忙著吃喝玩樂的時候，他卻把時間省下來讀書、寫作、思考。透過這樣有效率的自我教育，最後成為偉大的科學家、外交家及政治家。

這本書最特別的是富蘭克林把他的自學過程完全寫出來，而他的生活方式也讓我著迷不已。我還記得富蘭克林最常吃的食物，是一碗簡單如燕麥粥的東西，拌一拌、熱呼呼的，既省事、營養也夠了；而節省下來的時間，他就充分利用，有時投稿到自己的報社，文章登出，他欣喜若狂，同伴卻不知道那是他的作品。

我很羨慕他可以這麼有效率、有目標地過一生，不但自學成功，還解決許多別人的問題，這麼豐富的生活方式，不也是我嚮往的嗎？

雖然我們只能在書中邂逅，但當我發現原來早已有一顆那麼熱切的心靈，也像我一樣渴望知道人應怎麼活？頓時如渾身通上電流，我和他之間竟有了神交的感覺，覺得我們好熟悉、好有默契。

富蘭克林說過：「如果我們一定要有一個習慣，那為什麼不用一種好習慣來取代壞習慣？」他又說：「再沒有一件事比美德對人的幫助更大的了。」**而在他的眼裡有十三種美德非常重要，那就是：節制、沉默、條理、決斷、簡樸、勤勞、誠摯、正直、中庸、整潔、寧靜、貞潔和謙虛。**

我當時並不能體會這些美德的重要性，只是傻氣地認為先哲說的話絕不會錯。所以，我開始在日記中按照富蘭克林的方法，也學著他做了一個自省表，每星期以一個美德為目標，如果犯了過錯，就在那個項目下點一個黑點。

照這個方法，我自省了二、三年，雖不敢說做得很好，但卻對日後留下非常深的影響。我不再任我的思想漫遊狂飆，而是順著軌道，朝著目標，約束凝聚，不斷追求自我成長與自我改善。就這樣不但奠定我終身學習的習慣，也使我平安度過了青少年的狂飆期。我一直保留著這本畫格的日記，提醒自己曾經在懵懂的青少年時期很認真地過了一段有意義的生活，也慶幸還好當時一股腦的傻勁，奠定我心靈改造的基礎。也因為富蘭克林喜歡閱讀，認為閱讀對啟發人生有很大的幫助，我因此更沉迷書中世界，書所供給我的養分，也增加了我許多心靈的力量。

最近這些年EQ逐漸取代IQ受到更多重視。因為一些長期研究發現，對現代人來說，EQ——情緒智商，也就是控制情緒、管理情緒的一種心靈能力，比IQ更重要、也更有助於成功。研究顯示，EQ高的人比較積極樂觀；同時比較有同理心，能理解他人，因此人際關係較好，也較經得起誘惑；他們做事比較堅持、專注。像這些人格特質，我認為都屬於心靈力量。

事實上富蘭克林所提倡的十三種美德就是一種EQ，可以節制欲望，使自己不被情緒所控制、欲望所淹沒，而他所設計的自省表，正是培養EQ、鍛鍊自己的心靈力量很好的方法。其中我最喜歡的是**節制**、**條理**、**決斷**、**簡樸**、**勤勞**、**誠摯**、**正直**、**中庸**。

我很高興在這麼年輕的時候就遇到這麼一位偉大的心靈導師，同時在他的指導下，好好地玩了一段有趣的心靈遊戲，進行心靈改造工程，這也是我心靈革命的第一步。

性格決定命運

西方有句俗話說：「你有什麼樣的性格，就有什麼樣的命運。」這話想起來滿有道理。因為碰到類似的事件，不同性格的人會採取不同的應對方式，因此結果也不同；而這些因果串連起來，不正是我們一生命運的寫照嗎？所以我認為命運掌握在自己的手裡，要改善命運，先得改善性格，性格正是心靈力量非常重要的一部分。

記得我以前有一段時間對未來很好奇，常常喜歡找人算命，有一次一個朋友看了我的命盤，他說：「唉呀！你的八字跟我的一個朋友好像，可是他常常想自殺，你怎麼看起來跟他完全不一樣。」我聽了暗自好笑，我想我要是沒碰到富蘭克林和其他一些心靈的智者，並且進行一連串心靈改造工程，也許我也和他那個朋友一樣，成天想自殺。

又有一次跟一位研究算命的朋友聊起來，他說：「卅歲以前，通常算命比較準；卅歲以後就比較難算。」原來卅歲以前，人受先天性格的影響很大，因此比較有跡可循；但是卅歲以後，人的歷練增加，性格、想法難免會有所改變，當然就算不準了。

所以如果對現狀不滿意，與其怨天尤人，埋怨命不好、運未到，不如誠懇地檢視剖析自己，看看到底性格上、觀念上、行為上，有什麼可以改進的地方。也就是說好好地進行一番心靈改造，培養自己的心靈力量吧！

作為一個新聞工作者，我接觸過許多各行各業的菁英，及社會上公認的成功者，通常當我問他們：「到底成功的原因是什麼？」時，他們都會謙虛地說：「是機會與運氣，要不是當時如何如何，我就不能如何如何……」不過深入觀察後發現，機運固然重要，他們本身的條件也很重要，通常他們都有過人的意志力，能堅持到底。

中國人常說一命、二運、三風水、四積陰德、五讀書，認為一個人的一生由這五種因素決定，這樣的說法也有點道理。除了命運天生註定無法改造之外，其他都是可以改變的，也都是心靈改造工程的一部分，怎麼說呢？

所謂風水，我想就是看起來、住起來舒服的環境，能讓心情安定愉悅，這樣精神好、內在安定，做起事來當然正確有效，容易成功。再說積陰德，就是做好事幫助別人，積陰德不只是物質上的布施，更根本的是觀念上的改變，樂於助人、樂於付出，這樣的人自然得道多助。

而多讀書就能啟發觀念、變化氣質。有時會聽到犯過錯的人懊悔地說：「當時年輕不會想……」，不會想，就是沒想透、觀念錯了，多讀書、多充實知識、多汲取別人的智慧，想法就會不一樣；想法不同、做法自然也會不同，錯誤就不會鑄成了。

這樣說起來命運真的掌握在自己手裡，要改變命運，就得先改變自己的觀念、行為、性格，而改變性格、觀念與行為，就是心靈革命最重要的工程。

你對自己的命運不滿意嗎？那麼下定決心，來一場心靈革命吧！

江山不易改，本性不難移

「江山易改，本性難移」是中國人常掛在嘴上的一句話，但我卻認為這句話很有商榷的餘地。我的看法是「江山不易改，本性不難移」，而關鍵在於你有沒有決心罷了。

從小，我便是家中最膽小害羞的孩子，如果有親友到家中串門子，第一個躲進房裡的就是我。我和左鄰右舍也不太熟悉，因為我放了學回到家經常大門不出、二門不邁，很少和鄰居聊天。我也不常和同學玩在一塊，連父母都覺得我是個孤僻的孩子。他們怎麼也沒想到我會走上大眾傳播這一行，我認為這實在是個美麗的錯誤。

高中時代，因為作文寫得好，國文成績也不錯，就有老師認為我將來若讀新聞也不錯；偏偏在填聯考志願時，又一時不察，聽同學建議，在一大堆師大科系裡（媽媽希望我當老師），夾了一個政大新聞系，結果竟然一分不差地考上了這個我連它教什麼都不知道的科系。

唸了一學期後，我對新聞有了認識，覺得記者這個職業好像對社會滿有貢獻，尤其恩尼派爾（Ernie Pyle）的《大戰隨軍記》更讓我著迷得不得了，於是開始編織當記者的美夢。但很快地我就體認到：要實現這個夢想有一個很大的障礙需要克服，那就是我害羞內向的個性。這樣的個性使我不敢在課堂上發問、討論，不敢和陌生同學交談，甚至不敢跟老師打招呼，更不敢打電話給受訪者，完成老師指定的作業。

要怎麼樣才能改變這令我頭痛又折磨我的個性呢？

我想到了「江山易改，本性難移」這句話，但立刻又想到「人必置之死地而後生」這句話，我決定照後面這句話做做看。我想，如果我能坦然面對我最害怕的情境，也許我就能改變這伴我長大的個性吧！

什麼樣的情境最令我恐懼？那就是在校園裡忽然看到授課老師迎面走來，和既權威又有點陌生的老師面對面打招呼，對我真是一件說不出有多困難的事。為了害怕面對這種情境，通常我只要看到有老師遠遠走來，我寧願掉頭，換條路繞好大的圈子到教室，也不願和老師打照面。

於是我下定決心：下次在校園裡看到老師，一定不要繞路、不要逃避，最好上前打個招呼，自我介紹一下。

那曉得，下決心容易，要實踐卻很困難，因為逃避永遠比實際面對容易。就這樣，我逃避了二、三次……，可是，每逃避一回，我對自己的失望就更深一層，覺得自己簡直不可救藥，若連這一點都克服不了，更談不上當一個好記者了。於是我再度下定決心。

不久後機會又來了，我看到一位老師遠遠從對面走來，腳尖一轉，我很自然地又想逃避，但理智卻告訴我絕不能這麼做，經過一番天人交戰，我終於戰勝了恐懼，決定試試看，給自己一個機會。

明明很短的一段距離，那時的我卻舉步維艱、頭皮發麻，彷彿有幾千斤重的鋼板壓在我的頭頂，腳上也縛著好幾百斤重的鉛球；終於，老師和我擦肩而過，我向他點了個頭，沒講話，也不記得有沒有微笑。如釋重負的我，雖出了一身冷汗，卻興奮著我終於踏出了第一步；我也發現，這樣的情境並沒有想像中那麼可怕，恐懼好像完全來自內心。

幾次下來，我再也不怕碰到老師或和老師簡單地打個招呼了。甚至當我遇到不熟的同班同學時，我也能脫口而出地說：「嗨！你好啊？你今天穿得很漂亮！」就在那一剎那，我知道我真的跨過了關卡，害羞內向不會再困擾我一生了。大概是過度補償吧！從前的我沉默害羞，今天卻變得很喜歡主動與人打招呼、和人交談，個性上有了一百八十度的大轉變。

說起來，我也幾乎花了兩三年的時間才完全改掉害羞內向的個性。起先是勉力為之，後來變得比較自在，慢慢新的習慣就取代了舊的。當然偶爾也仍喜歡獨處，但我知道，那是我能享受孤獨，而不是孤僻；當有需要，我隨時能走出去和別人打成一片，而不再需要用冷漠來掩飾我內心的恐懼。

江山易改嗎？江山要花幾千、幾萬年的光陰，歷經風吹日曬雨淋或劇烈的天候變化，才會改變面貌。而本性難移嗎？由我的經驗來看，只要有決心肯下功夫，幾年光景就可以有令你滿意的改變。

所以我說：「江山不易改，本性不難移」，不信你試試，這個心靈遊戲絕對讓你值回票價。

第二章

換心再出發

人都是喜新厭舊，再熱愛的工作，經過一段時間也會彈性疲乏，如果我們不能像換衣服那樣換工作，至少可以變化一下工作的心情與方式！

若你也正好面臨工作瓶頸，那麼，何不玩一場心靈遊戲，讓它帶給你柳暗花明的境界，幫助你充電再出發。

積極的人生觀

記得小學一年級時，老師就在我的成績單上寫下「消極悲觀」的評語，當時我並不瞭解它的意思，但我想老師的話大概不會錯，於是，便把這四個字背了下來。

及長，瞭解這四個字代表的意義後，我並不覺得有什麼不好，甚至自得地認為：「智者總是悲觀的，愚昧的人才永遠樂觀。」所以，我對很多事都從負面的角度解讀，自以為這樣才是真的看透事實。我講話也很「衝」、很「酸」，常常一講話就得罪人，使得我的人際關係不太好。

譬如有個同學好心地問我：「期中考準備好了沒？」我的答覆卻是：「我才不像一些人，只為了考試才讀書！」當場讓我這位同學下不了台，一直過了很久，他還記得這句話。

由於那時生吞活剝了許多思想性、哲學性的書籍，對很多事都不屑一顧，老覺得這些都是俗人俗事。

大三升大四那年，有朋友送了我一本書，名為《積極的人生觀》，起先我對這本書並沒有好感，覺得光看書名就夠「俗」的了，哪能和我那些充滿哲理的書相比，於是，隨手束之高閣。

幸好我很愛看書，有一天在無書可讀的情況下，順手翻開這本書，抱著開卷有益的心情，開始讀序文，我愈看愈覺震撼，驚出了一身冷汗。原來，序文的內容就好像在說我——說一個凡事否定、事事消極悲觀的人，不但人際關係會很糟，一生也註定要失敗。

為了不想成為這樣一個人，我立刻一口氣讀完全書，並開始認真反省。

我想到我的消極、悲觀，什麼事都先想到壞的一面；為了怕失敗，不願意嘗試新東西；人家有事請託，我往往因為怕麻煩而找藉口拒絕，拒絕了又覺得有罪惡感，內心掙扎個半天；尤其做事拖拖拉拉，總要到來不及了才行動，這種種個性上的缺點，我是不是該改變？又能不能改變？上一次改掉害羞內向個性的經驗給我很大的鼓勵，於是我又下了另一個改善自己缺點的決心。

幸好這本書不僅講道理，也講方法，按照書上教的方法我立刻開始另一項心靈改造工程。我假想我的心是張白紙，一面充滿積極樂觀的想法，一面滿是消極悲觀的念頭；只要一碰到事情、有念頭浮上來，我就趕緊檢查它是積極的還是消極的，如果發現念頭是消極的，就告訴自己把心中那張白紙翻個面，換一個積極的念頭。

一開始前半年先浮上心頭的幾乎全是消極的念頭，得很用力地翻轉心中那張白紙，一整天下來，心被扭轉拉扯得痠疼，人格幾乎要分裂。漸漸地，浮上心頭的念頭不再完全負面，一年以後，積極樂觀的念頭開始占上風，這樣幾年下來我徹底治好了消極悲觀的毛病。

我也再一次驗證改變思想觀念和個性其實並不難，也許你正好困在一個死角裡，突然看到一本書或聽了別人一句話，就把你從那個深淵中拉了出來。後來有一陣子我熱心地四處演講，特別常到校園跟年輕朋友分享，就是希望把和我有同樣遭遇的人更早拉出來，讓他們能及時掙脫困境。

在華視從事新聞工作多年，有天碰到一個大學同學深談了一陣之後，她很不可思議地對我說：「這是你嗎？你簡直和大學時候判若兩人了。」我的同事也常取笑我是「無可救藥的樂觀主義者」，因為我做什麼都充滿幹勁，即使明知不可為還奮力而為。對我來說，反正要做就快樂地去做，如果能順利完成，豈不更快樂；如果並不如所願，只要盡力了，我一樣問心無愧，並期待下一次能做得更好。

有位女作家封自己為「壓不扁的玫瑰」，我無意掠人之美，但我的同事卻把這個綽號送給我，他們說跟我工作多年，發現我真是一枝壓不扁的玫瑰！

樂觀積極把我送進了電視台

我曾經說考上政大新聞系、踏入大眾傳播界，對我是一個美麗的錯誤；那麼考進華視，當電視記者，乃至電視節目主持人、製作人，是一個「更美麗的錯誤」。

事實上在唸大學和研究所時，我心心念念想到報紙或雜誌當記者，因為感覺上文字媒體篇幅多、報導深入，好像比電視媒體浮光掠影式的報導，過癮得多。

為了完成心願，我努力照老師的話去做。老師說記者要有豐富的常識和專精的知識，也就是既要有廣度又要有深度，這非得多讀書才能辦到；於是當人家郊遊、烤肉，忙著參加社團活動時，我把自己關在圖書館裡苦讀。說是苦讀，其實卻滿有趣味，記得曾經讀到腦中靈光一現，觸類旁通，眼前讀的書跟過去讀的好像都能互相印證、增益，而腦中的神經元好像突然串聯，冒出火花，那種快樂真是難以形容。

當記者，理論基礎重要，實務功力也很重要。於是我抓住每一個能增進實務能力的學習機會，從編班刊、系刊到校刊；從寫課堂作業、到學校的實習報刊，乃至校外的實習活動，我從不缺席。老師說寫日記對增進文筆很有幫助，我便扎實地寫了四年日記，常常寢室熄燈了，我只好就著走廊昏暗的燈光完成一天最後一件功課。

大三到中央日報實習的時候，有好幾篇特稿被採用，看到自己的文章變成鉛字，印在報上，那種快樂真是千金不易。

我一直以為自己一定會進報社當記者。哪曉得進入研究所後，許多老師卻認為我應該朝廣播電視發展，尤其是新聞前輩曾虛白老師，跟我提了好幾次，我聽在耳裡，記在心裡，卻沒有改變心意。

直到臨畢業的三月間，有天搭公車，碰到一位學妹，剛從華視參訪回來，她說華視要徵一位女記者，不知道我們班上有沒有人要去試試。她無心的一句話，卻引起了我的興趣，也許我該去試試吧！反正即將畢業，也要找工作，沒必要排斥這個機會。況且老師說我很適合，於是，我便去和好友商量。

那時還在報禁時代，電視台只有台視、中視、華視三家無線電視台。好友勸我說，電視窄門比進研究所還難上百倍，而且進去的都是大官政要的兒女，你若沒有這種背景，免談！她分析得很有道理！我也相信，有點想打退堂鼓，但我當時已有積極樂觀的想法，便決定仍去試試。沒試過，怎可輕言放棄？

怯生生地打了個電話去華視詢問應徵的事，沒想到接電話的人口氣很不友善，大大地潑了我一盆冷水，而我要找的學長也不在。受此挫折又想放棄，但心頭隨即浮現積極的那面白紙，於是下定決心，絕不可以輕易認輸！

鍥而不捨地，最後終於和學長通上電話，並得知我的條件完全吻合華視的遴選規定，於是，我完整收集了在校時的所有作品，以及用心寫出的中英文自傳，滿懷期望地寄出了我的資料。等了一陣子，了無聲息，我想，果然是黑箱作業，內定了人選，算了，反正我已盡力。

之後的某一天，突然接到華視試音、試鏡的通知，我欣喜萬分，好友卻笑我說：「紅花需要綠葉陪襯，即使是試鏡也一樣，你看好了，你就是綠葉，只不過去陪襯、陪襯別人罷了！」我不管自己是不是「綠葉」，依然決定全力以赴。平日既不會化妝也不懂穿衣服的我，還特別去買了一支口紅，又穿上我自認最得體的衣服就去了，心想，就當是一次經驗吧！即使沒被選上，也賺到了經驗。

如浮雲掠過心頭，過後我也忘了這檔子事。

五月，畢業前夕，華視新聞部寄通知要我去面見總經理。我轉告我的同學，我可不一定是綠葉喲？說不定會是紅花呢！同學卻篤定地說：「你啊！現在是最接近紅花的那片綠葉，等著瞧吧！」我想：綠葉就綠葉吧！還是得陪襯到底，而且，也正好見識一下紅花有多美麗、優秀。

仔細打扮妥當，我就勇敢地去面見華視總經理了。他問什麼，我答什麼，中規中矩、簡短扼要，就像一個單純的女學生在應付教授的口試一樣。我有幾分沮喪，覺得自己學生氣太重了，一點沒有社會經驗，可能錄取的機會要大打折扣。

哪曉得，奇蹟卻發生了。五月底一個和暖的日子，我接到錄取通知，要我六月一日去報到上班。同學都很意外，我更意外，因為，全班只有我一個人去參加遴選，居然我就是華視新聞部那年唯一錄用的女記者，我又何其幸運？

後來回想起來，真是積極的人生觀幫助了我，要是我聽信了同學的話，不早就放棄了嘗試？可見正確的觀念對一個人的影響有多大，它會讓行進中的每一步都發揮力量，並創造出驚人的成果。

這一次的經驗除了讓我更肯定心靈改造工程的威力之外，也使我對社會的公平、開放產生信心，我相信只要你準備齊全，又能把握機會，一定能夠脫穎而出。

也因為積極樂觀，不斷地給自己打氣，使我在日後有勇氣面對一切挑戰，並成功安然地度過了每一次挫折與危機。

玩一個心靈遊戲

在進入電視新聞圈當一個小小的新聞尖兵三年之後，我就發現自己陷入了瓶頸，忽然覺察新聞工作和我當初想的不大一樣。

理想中的新聞工作應該是福國利民、能掌握社會脈動、發掘社會問題，協助大眾瞭解真相並促進溝通的事業；但當時的電視記者卻多半在「機會」新聞中打轉，每天出入於飛「機」場、「會」議室、記者「會」場，採訪的多為雞毛蒜皮的小事，寫的也是一、二分鐘的小稿，只能容納兩三百字，疲於奔命卻毫無新鮮感與成就感，更談不上社會貢獻。

現實與理想的差距，讓我懷疑自己是不是走錯了路。為了排解心中的疑惑，我特地跑了趟政大，回母校去請教老師。才剛走到新聞館，就碰到在校時的研究所所長，記得他曾經誇讚，我是他教書二十多年來文筆最好的女弟子。沒想到一見面，老師就說：「你根本不應該到電視台，應該去報社，如果你在報社，一定已成了名記者。」言下之意，目前我在電視台的表現實在不怎麼樣。

垂頭喪氣地回家，心情更加難過。在既不甘心轉行也無力出國深造之餘，我又想到積極的人生觀，於是決定跟自己玩一個小小的心靈遊戲，鼓舞自己不斷進步。每天我都設定一個目標，要求自己盡量換個花樣、變個角度來處理新聞，使我報導的新聞能看起來更生動活潑、或更詳實深入。

於是，每天在出發採訪前，我都會特別動腦筋想一想，哪怕即將報導的是嚴肅的醫藥話題或枯躁例行的財經消息。奇妙的是，心情變了，看事情的角度也變了，面對自我挑戰，採訪工作變得更新鮮有趣，也沒時間去想我面臨的瓶頸問題了。一心一意，我只希望能把手邊的新聞處理得更好，在類似的新聞中表現得更突出。

如果當天成績不錯，我就很高興，士氣更高昂；如果差強人意，我就會鼓勵自己再加油，明天再來！當然，這只是我個人玩的一個小遊戲，我從沒告訴別人，也不在乎有沒有人發現。

為了變換工作的內容，我還首開先例，從人人稱羨的採訪組，請調到冷門的編譯組。我的想法是這樣不但可以換個環境，有時間閱讀、充實自己，還可以提升英文能力，儲備未來更豐厚的本錢。

沒想到這樣一個違反常規的調動竟讓我挖到了寶。西方各大通訊社和美國三大電視網製作的電視新聞比當時的國內電視新聞進步太多了，我努力觀摩學習他們處理新聞的手法、新聞寫作的技巧，彌補我無法出國留學的遺憾。每一則外電消息，都像一位好老師，每天教我一些課程，而我也像一塊乾涸的海綿，天天吸飽大量的水，更重要的是，打開了我電視新聞採訪製作的視野。

在編譯組待了愉快的半年，華視新聞部人事改組了，新上任的經理有一天把我找去，他說他在擔任副理期間，天天審稿，發現我稿子寫得很好，做事又認真負責，於是他要我重新回到第一線。

重回採訪組沒多久，華視新闢了一個長達九十分鐘的新聞報導性節目——《華視新聞雜誌》，採訪組記者輪流參與製作。我初嘗滋味就興奮不已，原來這才是我理想中的新聞工作，我可以有一、二十分鐘的時間，抽絲剝繭地分析一個社會現象或公共政策，還可以在聲光畫面上玩很多花樣，這種報導方式結合了新聞採訪與電視製作，真是好玩極了，充滿無數的創新與挑戰，在別人相繼感到吃力而退出之後，我成了這個節目的專屬記者兼主持人。

我每天工作十六個小時，幾乎到了廢寢忘食的地步，也首次嘗到工作上癮的滋味。每周都覺得自己的付出得到了回報，而且成長速度非常之快。才只兩年光景，又一次人事變化，我被逼得當上製作人，內心非常惶恐，因為製作人不是這麼好當的，除了策畫內容，還要把有限的人力做最好的運用，節目的成敗更是一肩挑起。我努力學習，為了能勝任新職，還看了不少管理的書。二年之後，我遭遇更嚴重的瓶頸，疲憊與挫折再度充塞心靈，對新聞工作的價值再一次產生懷疑。

在這波來勢洶洶的工作低潮侵襲下，我花了整整半年才從停滯中甦醒，因為我又記起了我那小小的心靈遊戲，那個幫我掙脫成長瓶頸的遊戲。於是，我嘗試用全新的眼光打量我的工作，思考我究竟能賦予工作什麼新面貌。我努力尋找新資訊、大量閱題各種書報雜誌，尋找新的挑戰，也樹立新的目標，期許自己和團隊每年都能達成一個具挑戰性的艱難任務，就像征服人生中的一座高山。在大家努力下，節目團隊在短短幾年時間，一共得了十一座象徵電視最高榮譽的金鐘獎，我個人也得了五座。

雖然我的工作沒有變換，但靠著小小的心靈遊戲，我變換了心情，使我的工作也變得新奇而富有挑戰性，並且鼓舞自己和團隊寫下值得紀念的紀錄。人都是喜新厭舊的，再熱愛的工作，經過一段時間也會彈性疲乏，如果我們不能像換衣服那樣換工作，至少可以變化一下工作的心情與方式吧！

如果你也正好面臨瓶頸，那麼，何不試試我這個小小的心靈遊戲，讓它帶給你柳暗花明的境界，讓它幫助你充電再出發。

人的潛力無限

生活中雖然充滿了許多不如意、不順利，但是，只要勇往直前，你將發現再多的困阨、艱難都不能阻擋你的前進，而且愈受挫折愈能發揮潛力，使自己在無形中茁壯成長。

民國七十一年當我擔任《華視新聞雜誌》的主持人兼執行製作時，新聞局正打算開播一個能增進國人國際視野的節目，並委託華視製作；而華視則挑選了《華視新聞雜誌》團隊執行，我因此當上這個新節目《天涯若比鄰》的主持人。

基於過去的經驗，我確信這個節目不能草率地只剪輯一些外國風光來搪塞，而應實地採訪、精心製作，為國人開拓一扇瞭望國際的窗。礙於經費短絀，幾經籌畫，我們決定組成一支二人迷你特攻隊遠征國外，一個主持人加一個攝影師，以台灣人的眼光，來看這個世界。

在當年，記者出國相當不容易，為了節省經費，在各國停留的時間也很短，再加上只有兩個人，要拍足所有的畫面，呈現豐富精采的內容，實在是一個高難度的挑戰。「能拍得好嗎？萬一失敗怎麼辦？」「條件這麼差，太划不來了！」行前，不少同仁好心相勸，甚至認為我們自討苦吃。

的確，相較於日、韓同類型節目的製作人力和財力，我們實在小巫見大巫，根本不能相提並論，但抱著「初生之犢不畏虎」的勇氣，我倒沒想到可能面臨的失敗，而是一直鼓舞自己：這個節目值得冒險嘗試，如果成功了，那不知有多好？

果不其然，我們辛苦工作後播出的節目，不但迴響熱烈，而且收視率節節上升，一度曾高達百分之四、五十，可謂轟動全國。據說，買這個節目的廣告還得一搭三，就是買一檔廣告得搭買其他較不熱門節目的三檔廣告呢！

喜歡看《天涯若比鄰》的朋友常打趣地和我說：「你真好命啊！既可免費出國觀光，還可以賺薪水，這種『好康』哪裡找？」殊不知鏡頭前的風光寫意只是「假象」，真實工作中的我，人在異國，經常是揮汗如雨地跑來跑去，不是趴在地上收音，就是踮著腳打燈光，既是記者、領隊、助理，又是收音、燈光，而充當主持人只是其中最省力的一項。螢幕上的「公主」，鏡頭後的小工，每當收工時，我簡直累得像一條狗！

而每次出外景時遇到的困難更不可勝數，在人生地不熟、作業時間又短的雙重壓力下，如何才能做出最好的內容？這種內外交逼的壓力，只有身歷其境的人才能體會。不過這一段日子也是我閱歷增加最多、能力提升最快的一個階段，充分印證了一分耕耘、一分收穫的人生至理。而一次又一次克服困難完成任務的經驗，更使我肯定：人的潛力無限，只要你目標正確、方法正確，一定能實現心願。

記得我們的「二人迷你特攻隊」在民國七十二年出征到印度時，由於天氣太熱，高達攝氏四十幾度，攝影機一度因「出汗」過度而導致失靈、無法運作。怎麼辦呢？我們兩人幾乎坐困愁城，不知如何是好。幸好攝影師鍥而不捨，在埋頭苦修不知多久後，機器終於「痊癒」。

扛著這架隨時可能「中暑」的機器，拍完了印度南部大城孟買的風光，第二天一大早，我們匆匆趕赴機場，準備去拍一個可以媲美敦煌的石窟文化。沒想到旅行社安排的印度老爺車在大雨中拋錨，眼看起飛時間一分一秒地逼近，我急得不得了。旅行社的人安慰我說：印度飛機很不準時，再加上今天下大雨，飛機一定會誤點，我們一定可以趕上。我卻不敢那麼樂觀，經驗告訴我，當我「準時」時，飛機可能誤點；而當我遲到時，飛機一定準時。

果不其然，到達機場正好目送飛機起飛，一查下班班次，更發覺大事不妙，原來一星期只有兩班飛機飛往該地，而且班班客滿，錯過這一班，不知要等多久才能搭得上。但我們在印度總共只有兩周時間，而且，從這個文化古城往北，一站站都排好了，錯過這一站秩序就大亂了。我這一驚非同小可，立刻要旅行社的人想辦法，結果他左思右想也想不出解決方案，最後他兩手一攤告訴我說：只好碰運氣，等個三、四天，看看下班飛機能不能擠上。

我可不願意把時間花在等待上，而且下班飛機上不上得了根本沒把握。當時的印度交通、電信都很落後，跟台灣關係更是隔膜，進入印度就像身處異域，完全孤立，而唯一的連繫對象——旅行社，看起來也不太可靠，到底該怎麼辦呢？有什麼辦法可以解決眼前的困境？

坐在候機室裡，我一面張望，一面想解決的方案，忽然腦海裡靈光一現，我想到，我們旅程的最後一站是印度首都新德里，孟買和新德里都是大城，飛機班次一定很多，我為什麼不先飛新德里，再從新德里一站站南下呢？想妥了，立刻跟身旁愁眉苦臉的旅行社代表說，他一聽馬上眉開眼笑地說：對呀！這真是個好主意，我怎麼沒想到呢？於是立刻著手去辦，很快地就談妥一切，只花了一、兩個鐘頭，我們就登上了往新德里的班機，什麼也沒損失。

不過這趟印度之旅並不是就此一帆風順，由於兩國全無來往，資訊不足，也無援手，採訪過程中碰到的困難真是不可勝數。

就拿著名的泰姬瑪哈陵來說吧！到了這號稱世界七大奇景之一的名勝古蹟之後，我們興奮地架起攝影機就拍，沒想到馬上有人過來制止，要我們拿出准予拍攝的文件。這下我們傻眼了，過去從沒有這種經驗，旅行社也沒提到有這種特別需要，手上根本沒這份文件，於是決定立刻辦理，沒想到問題又來了，這文件需要到新德里去辦，而且一辦就要好幾個星期，眼看著拍不成了。

我只好向這名守衛下功夫，首先訴之以理，告訴他如果我能拍到泰姬瑪哈陵，就能吸引台灣旅客到此觀光，他不為所動；接著動之以情，告訴他我們遠道而來，錯過此景相當可惜，他亦毫不通融；最後，我想也許有錢能使鬼推磨吧！我偷偷塞點錢給他，沒想到他也不收。

一個當地人看到我們鎩羽而歸，就過來告訴我們，他知道有個地方可以拍到泰姬瑪哈陵，只要給些錢，他就可以帶我們去，結果花了好些冤枉錢，走了好些冤枉路，拍的不是遠景就是背景，根本看不到全貌。

當然有一些遠景也可以交代，但是我不肯這麼輕易就放棄，於是第二天一大早又到泰姬瑪哈陵，結果碰到的還是那名守衛，也許是「精誠所至，金石為開」吧！那個面色冷峻的守衛終於讓步，准許攝影師在門口拍攝一點畫面，至於陵寢內觀，仍然是一個「NO」字！

眼見機不可失，我當下便向攝影師使了個眼色，暗示他見機行事；而我就使出渾身解術，不斷地提出各種問題來「請教」這名警衛，漸漸地，他在我的攻勢之下鬆懈了注意力，我的攝影師也就神不知鬼不覺地走進了大門，拍到了許多彌足珍貴的畫面。而位於朱穆納河畔，以純白大理石建造的泰姬瑪哈陵，在不久後也順利在《天涯若比鄰》節目中播出了。

＊＊＊

另外在中南美洲的玻利維亞，我們也嘗盡了苦頭。

話說玻利維亞政府議會所在地拉巴斯，海拔四千多公尺，是世界上最高的國都，比玉山還高。早就有人警告我上玻利維亞會得高山症，但我藝不高、卻膽大、心想什麼苦頭我沒吃過，所以也沒把「高山症」這個名詞放在心上。

連續坐了三十幾個小時的飛機，終於飛到了拉巴斯，由於這一站只預計停留四天，時間有限；所以，我婉拒了使館人員建議我休息一下的美意，執意立刻開始工作。

「陳小姐，你不休息休息，不怕得高山症嗎？」

「高山症在哪裡呢？你看，我們不是好好的。」我當時還大言不慚地笑著回了這句話，因為我心心念念的盡是趕快拍到號稱「世界最高湖泊」的「的的喀喀湖」，還有印地安部落的風俗民情，以及當地的政經、社會情勢，要拍的東西實在太多，不快馬加鞭立刻進入工作狀況怎麼行。

沒想到到了下午，我們這支迷你特攻隊開始不對勁了，兩個人的頭都開始疼起來！我想也許休息一下，自然會好，所以提早收工休息。

哪知道，頭還是照疼不誤，站著、坐著、躺著都疼，疼到最後兩人都吐了，大使館人員好心拿來了幾顆紅色藥丸，說吃了會增加細胞的含氧量，頭疼就會好了，結果無效。後來他們又拿來了古柯葉泡的水（古柯葉可提煉古柯鹼，有麻醉成分），結果依然無效。

疼到最後，腦袋簡直要炸開了，恨不得在地上打滾，眼睛也紅腫起來。這時我突然同情起孫悟空來了，他頭上給戴了金箍兒，一念起緊箍咒來就痛得滿地打滾，豈不和我現在的情況類似？我雖不致因頭疼失態而放聲叫嚷哭泣，但那種無所逃於天地之間的痛，卻讓我終於體會到什麼叫痛不欲生……

大使先生有個氧氣筒，是他個人以備不時之需的工具，為了幫助我們達成任務，第二天一早也送到了。其實患高山症的人只要吸一口純氧，立刻頭就不疼了，但是，我們有兩個人卻只有一具氧氣筒，勢必有一人得犧牲小我。

我是女士，攝影師當然得保持紳士風度禮讓有加，但是，他肩膀上扛著的卻是二十多公斤的吃飯傢伙，上上下下，活動量又大，我怎能不顧他呢？事實上，他的拍攝工作也比我重要得多，他若捕捉不到精采的畫面，我縱有生花妙筆，也構成不了電視節目呀！

於是，以接近壯烈的心情，我堅持請他戴上氧氣面罩執行拍攝任務，而我只是在「再不吸口氧氣就不行了」的情況下「插花」，偶爾借氧氣罩來讓自己舒服一下而已。就這樣，我們在忍著頭痛、戴著氧氣罩的特殊狀況下，完成了採訪任務。

臨行，大使館接待人員和我說，許多人從來到走都沒見到玻利維亞之美，你們算是不錯了。這句話什麼意思？原來有人一到就得了高山症，住進了醫院；臨行去機場也是用擔架抬著上飛機，你說，他看到了什麼風景？

雪泥鴻爪的記憶實在很多，為了完成工作，我們睡過印度的火車站；在北極海上拍攝外景時，風浪極大，受盡顛簸之苦的我，不斷地嘔吐，還得強忍著站在鏡頭前介紹說明，忽地一個大浪打來，人也跌倒了，幾番折騰，才拍完該拍的畫面。

由於節目需要，我去過很多地方，記得當我站在非洲最南端的好望角，面對著大西洋和印度洋的交會點，那種天涯海角的澎湃，深深撼動了我；還有，坐在愛斯基摩人的小漁船上，航行於一片茫茫冰海中，四週都是冰山和浮冰；置身於極北的格陵蘭島上享受盛夏只有攝氏一、二度甚至零下的日光浴。每當這時候，那種海角天涯的蒼茫遺世感，都讓我深深地感受在大自然面前，人是何等渺小。

我也看過無數壯麗古蹟，在驚嘆不已之餘，也暗自喟嘆人類之渺小，在短暫的人世間，我們又留下什麼？但是在最嚴酷的環境，還是有人類堅持地活下來；而壯麗的古蹟又豈不是無數世代的人心血的結晶；於是我體會到人類雖然渺小，人的潛力卻是無限。

在還沒有做《天涯若比鄰》節目之前，我非常膽小，又害怕吃苦，可是為了完成一個夢想，一步步走來，我發現我竟然可以忍受那麼多肉體的痛苦、精神的壓力，和隨時可能發生的意外與困難，幾乎把心靈的力量發揮到極致。

這三年的磨練徹底改造了我，也使我蓄積了無數心靈能量，我知道今後人生仍將有無數橫逆，但是我相信我有足夠的毅力和韌性來面對，這種沒有恐懼的心靈自由，感覺真是好極了。

我深深嘗到心靈革命的好處，你是不是也下定決心，要開始跟自己玩一場心靈遊戲了呢？

挫折是朋友

或許你會說：你對心靈革命那麼有信心，是因為你從來沒有遭受過挫折和打擊，你不知道那種痛徹心肺和絕望的感覺。

我想在這個世界上沒有人會「幸運」或「不幸」到完全沒有遭遇過挫折，我也一樣。我不僅經歷過挫折，而且還經歷過很多挫折，不過所有的挫折都比不上我母親突然謝世所帶給我的傷痛。

俗話說：「禍不單行」，有時候還真是這樣子。那一陣子我歷經大大小小的挫折，還正在調息養傷的階段，還好工作上有了新的轉變；剛開闢的《華視新聞雜誌》讓我重新有了方向感，正全心投入，每天雖然忙，但忙得很充實，很有成就感。雖然這段時間很少回苗栗看父母，但我相信他們過得很好，也如往常一樣默默地關心著我。我的父母當時年紀都不大，身體狀況也很好，我一直覺得他們可以等，等我事業更穩定了，或有一點成績了再來孝敬他們。

哪知道有些事是不等人的。

也許是合該有事，那一天，我急需一筆錢，便打電話回家請母親匯給我；媽媽是個急性子，一大早便趕到銀行匯錢，誰知在銀行裡卻倒了下來。送醫急救後，發現是腦溢血，並呈昏迷狀態，但母親從來不曾抱怨過她有高血壓或任何不適，也許我們一向疏忽她了，因為在我們的印象裡，媽媽是從不生病的。得知消息後，我心急如焚，匆匆趕回苗栗去看她，卻因節目錄影在即，又急急趕回台北；待錄完影再回去時，媽媽已經走了。

為此，我自責不已，一直深陷於痛苦與淚水中，當母親下葬的那一刻，我感覺我生命的一部分也隨著母親埋入土中，人生對我忽然不再具有任何意義。好長一段時間，我宛如槁木死灰，了無生趣，一想到母親便無法克制地淚流滿面。我不能接受母親已經過世的事實，常常在街頭看到微胖的中年婦女身影，便忍不住跟上前看看，會不會是媽媽突然出現在我眼前。我真希望我只是在做噩夢，醒來就沒事，但這卻不只是噩夢而已。

悲慟了半年之後，我心中那積極樂觀的種子又開始活絡，我不斷告訴自己：媽媽生前最愛我，她一定不希望見到我那麼頹喪、悲傷，不斷地折磨自己。所以，為了她，我一定要快樂起來，振作起來。

我又想到母親生前是那麼認真盡責又注重榮譽，雖然沒有讀很多書，但她一直很好強、很努力，她最大的心願就是能當選模範母親，在鄉里間揚眉吐氣。即使母親生前無法達成這個心願，但是，揚名聲以顯父母卻是我應做的事，如果能完成她的心願，她在天上有知也一定會很高興。

過去我對什麼獎項榮譽從無企圖心，但為了報答母親，我開始加倍努力。我也發現，工作是最好的療傷劑，當你完全投入工作，不但可以忘記痛苦，還可以從中不斷成長。

後來我果真得到了好幾座金鐘獎，還當選十大女青年，總算不負母親的期望；遺憾的是每次在頒獎場合，為了擔心自己失控，我一直不敢提到母親，以致不能公開地將榮譽歸於母親，這也一直讓我到今天仍抱憾不已。

歷經人生的風浪，再回過頭來看挫折，此時更有另番心情，因為它已不再是敵人，而是朋友，更是上天的禮物。每一次挫折與困難都是上天為我所預備的功課，讓我能從中學習成長，因此，每次面對它，我都要停下來想一想、問問自己：這次要學的功課是什麼？再從中萃取最大的反彈力量，以便從谷底攀升。

我曾經害怕挫折，恐懼失敗，但歷經無數挫折後，我發現怨天尤人於事無補，環境不會因此改變，別人也不會因此改變他們的態度，唯一能改變的只有自己。同時，因為挫折使你痛徹心肺，反而能產生很大的力量，幫助你反省自己、改變自己，並克服自己的缺點。

工作上的挫折誰沒有？人際間的磨擦誰不會碰到？但若能把它當成一個試煉與挑戰，再不如意的事終會過去，而你也將從挫折中學到許多經驗，累積再出發的勇氣和資本。

改變觀念，讓生命煥然一新

為了療傷止痛，為了揚名聲以顯父母，有一段日子，我曾不顧一切地投入工作，每天工作長達十六小時以上。工作上癮的滋味很棒，我也自認自己在工作中成長得很快。過了四年，我漸漸發現健康狀況亮起紅燈，體力變差，但我仍強力支撐，因為我的生活就是工作，一不工作，我就會非常空虛茫然，情緒也很不安。

由於自覺不對勁，我就主動去翻看了許多醫療保健類的書籍和雜誌，正好讀到一篇有關「Workholic」的文章，我才赫然發現，原來我得的竟是一種叫「工作狂」的病，它也許不是病，卻會引起一些症狀，改善之道唯有調整自己的工作態度。恰好那時我真的生了一場病，因為一點點感冒再加上腎臟有顆小小結石，不知怎的就轉成急性腎絲球炎，住進了醫院。

記得當時我先是腰部疼得不得了，到醫院急診，醫生懷疑可能是結石惹的禍；後來又發起高燒，我仍強忍著工作，只打個電話向父親訴苦，習醫的父親發現不對，囑咐我一定要去醫院好好檢查。哪知一進醫院就出不來，我擔心第二天要錄影，我既是製作人又是主持人，沒有我哪成，堅持出院走人，但醫生的一句：「你若不治好這個病，永遠也不能再錄影了！」卻嚇住了我，讓我明白事態的嚴重性。

不過躺在病床上，我還是不停地工作，打電話聯絡事情，以口述方式交代執行製作明天進棚該注意的一切大小細節，甚至要她筆錄主持人的台詞。對我而言，《華視新聞雜誌》就像我的孩子，即使生病了，我也要負責到底。

住院的二、三個星期中，起先我還想盡可能地遙控節目品質，但體力終究不支，最終不得不放下。住院那天正好是我卅二歲生日，應該是一生中最精華的一段歲月，我卻飽受病痛折磨。躺在病床上，我想了很多：如果沒了健康，什麼也都沒了，連我最喜愛的工作都不能去做，這種人生還有什麼意義？又如果說是為了喜愛的工作而生病，這合理嗎？

我還想到，過去我的工作密度太高，像一支蠟燭兩頭燒，雖然因此得了很多獎，也從工作中得到許多樂趣，但卻相對減少了與親人相聚的時間，他們生命中許多重要的時刻我都沒有參與、分享，到頭來我還失去了健康，這值得嗎？我是不是應該努力尋回健康，再重新開始建立一種合理的生活與工作方式？

在病中，我又體悟到，如果我能徹底改變工作態度，以「知人善用、分層負責」來執行工作，那麼，我也許可以不必花那麼多時間在工作上，卻能達成同樣的效果。

試想，一個過分注意細節、要求完美、事必躬親的主管，是不是太可怕了！他既不能放鬆自己，又阻礙了下屬的發揮與成長空間，長此以往，誰還願意與他共事？他的人際關係也一定不會好。再者，身為一個工作狂，因而失去了親情、友情和生活中許多的樂趣，極可能到後來連工作都無法再做得好，這種拚命三郎的作風，又豈是我所願？

想通了這一點後，我有了一通百通的頓悟。從此，我在工作上留了很多空間讓他人發揮，我和別人的工作磨擦因而減少；更重要的是，我留給自己一些喘息的時間，可以聽音樂、休息和與家人相聚，隨時儲備充沛的精力再出發。

病癒之後，我一共花了四年的時間來調養身體，找回健康，代價雖然付得高了一點，但總算失之東隅，收之桑榆，這一點觀念和工作態度的轉變，使我的下半生也為之改變。其實，改變觀念，改變行為，讓自己的生命煥然一新，什麼時候開始都不嫌遲，你說對嗎？

再一次歡迎你加入心靈革命的行列。

第三章

用心，打造好姻緣

所謂危機就是轉機。疾病給我們最大的動力一步一步修正過去生活上的錯誤，終於一點一滴地找回健康，讓我們再次體會置之死地而後生的真諦，而心靈也再次彰顯了它的力量。

從心開始，創造雙贏的婚姻

當我決定開始放慢腳步，使我的生活更均衡時，意外地也出現了一些機緣，長輩、朋友開始幫我安排相親、介紹朋友。

曾經一場突發疾病使我的婚姻夢碎，因此有好長一段時間，我避談婚姻感情，寄情工作療傷止痛。現在生活多了一點餘裕，封閉的心門也逐漸打開。在一群朋友的努力撮合之下，我跟蘇起開始交往。相同的成長背景和類似的價值觀，使我們很快就成為無話不談的好朋友，但是多年獨立生活的磨練，卻也使我們對這分感情分外謹慎。交往了兩年，終於決定牽手走下半生。

跟許多婚姻一樣，在浪漫的儀式結束後，我們開始理性的調適過程。生活中有甜蜜，但難免也有爭執。從牙膏該怎麼擠，到吃完飯該誰洗碗……爭執的原因不一而足，每次我氣憤難平，非要追究出個大是大非，蘇起總是一笑置之，認為這些無非「茶壺裡的風暴」，不值得花力氣深究。急驚風碰到慢郎中，要吵也吵不起來，有時逼急了，蘇起也會回個幾句，但通常是我一個人籠罩在情緒風暴裡生悶氣。

就這樣吵吵好好，過了一段時間。蘇起覺得婚姻幸福美滿，我卻覺得心情起起伏伏，波折不少，於是我又開始往書裡面找答案。

看了不少書，我才發現原來男女溝通方式有別，對溝通的需求也不一樣。男性把溝通當作解決問題的方法，所以只在有問題時，才需要溝通；而女性則把溝通當作情感交流和發洩情緒的方法，所以溝通是一種必需。男性把溝通當工具，而女性則把溝通當目的。瞭解了這點，使我對很多問題豁然開朗，不再鑽牛角尖，或動不動就對一些現象擴大解釋而生起情緒風暴。

另外有一本書的一段話對我更是當頭棒喝，它說：「婚姻沒有你贏或我贏，只有雙輸或雙贏。」看了這段話我省思良久，想起許多爭執其實都起源於要分出你對還是我對；或者是要爭個你贏或我贏，而結果往往是雙輸。

有了這點體悟，我開始放棄用「我」的角度來看事情，而改用「我們」的角度來看這段婚姻，這一點改變，就使事情有了很大的轉機，慢慢地爭吵愈來愈少，感情也愈來愈好。

我很羨慕蘇起的成熟穩定，在他的包容和潛移默化下，我的性格也有相當大的轉變，過去常常困擾我的情緒風暴漸漸平息，我開始懂得欣賞簡單平淡、卻真實有味的生活。

如今蘇起自省的五字箴言：「定、靜、安、慮、得」已經成為我們的家訓，返璞歸真也成為我們的生活方式。

從波折起伏到悠然和樂，這一路上我做了許多觀念和行為、態度的調整與改變，付出了不少心血，經歷不少掙扎，但收穫卻是甜美的。我不得不再次感謝心靈改造工程對我的幫助。

你想要改善婚姻嗎？建議你不妨從「心」開始。

用心領受化身為災難的祝福

祝福有時候會以災難的型態出現，民國八十年，我三十八歲，就遇到這樣的祝福。

當時，我熱愛的《華視新聞雜誌》獲獎無數，我也藉這個節目訪問過國內外無數名人，但節目進入高原期，要再向上攀升十分吃力。剛與蘇起結婚兩年，還在適應婚姻，茶壺裡的風暴三不五時發生，心想也許生一個小孩會讓婚姻更踏實，沒想到卻流產了。那種從希望到失望的失落和對一個小生命殞落的傷痛，讓我身心俱疲。

正好，我獲選美國東西文化中心的 Jefferson Fellow，於是藉著到夏威夷參加為美國和亞洲資深新聞工作者舉辦的交流研習計畫，一面進修，一面調養身心，並冷靜思考陷入膠著的事業與婚姻的未來。

這個計畫為期兩個月，第一個月側重研討，來自東西方的資深記者針對區域內的政治、經濟、環保等各種議題做交流、討論；第二個月也是我最期盼的，是亞洲記者到美國、美國記者到亞洲，根據事前擬定的計畫做深入的參訪。

我第一個參訪目標是美國最受歡迎的新聞節目——CBS的《60 Minutes》，它不僅常年高居美國前十大收視節目排行榜，而且深具影響力，一直是我模仿學習的典範；我預備花一個星期跟著製作團隊實地拍攝，觀察節目製播成功的祕訣。第二週我將參觀美國三大新聞網之一的ABC新聞，拜會當時極受歡迎的新聞主播Peter Jennings。第三週我將前往亞特蘭大參觀當時剛剛成立的CNN總部。每一站都是美國電視新聞的重鎮，我期待他們為我的新聞專業帶來新觀點、新視野，讓我掙脫瓶頸、擺脫停滯，邁向新的高峰。

但是上天自有它的安排。

就在我將啟程由夏威夷飛往紐約的前一天，我接到蘇起的電話，他用一貫平靜的聲音告訴我，他去做生平第一次體檢，醫生發現他肝上有一顆腫瘤，已安排好過幾天動手術。他知道我對這趟旅行期盼很深，所以他說：「你可以不用回來，我自己可以應付。」

我強忍震驚和悲傷，立刻打電話請教他的主治醫師：「肝上腫瘤有可能是良性的嗎？」心裡還存著一絲希望可以繼續我的旅程，但是醫生的回答讓我面對殘酷的事實，於是立刻改變航程，飛回台灣與他一起面對肝癌的挑戰。

二十多年前國內癌症治療還在起步階段，肝癌算是很大的手術，記得我在手術房外孤單地等了很久，從一早到黃昏。幸好由雷永耀醫師主刀的榮總醫療團隊非常專業，同時蒼天保佑，癌細胞雖然大卻有一層膜包著，位置也很好，可以一刀割除並且「割得很乾淨」，雷永耀醫師說。

蘇起的EQ實在好，從頭到尾不見他驚慌失措、怨天尤人，始終平靜地面對一切，並且對手術充滿信心。雖然動了那麼大一個刀，但第二天就下床走路，因為醫生說：「這樣傷口復原得快」。兩個星期就回到政大，繼續他忙碌的行政工作和教職。

但我的EQ就沒那麼好了。在他面前我強顏歡笑，假裝沒事，但內心真的很惶恐，而且求助無門。當時有肝癌經驗的人不多，能找到的資訊更少，我彷彿盲人騎瞎馬，在一條漆黑的隧道裡找出口。不知該如何照顧他，更重要的是如何避免轉移和復發。不能免俗地，我求神問卜，希望從不可測的天威裡得到一些安慰和助力。背地裡也哭了幾回。但我沒讓自己沉溺在負面的情緒裡太久，因為我得趕快爭取時間，找到方法讓蘇起能度過第一個復發門檻——兩年。

我拿出製作《華視新聞雜誌》的精神，「上窮碧落下黃泉、動手動腳找資料」，除縱身書海猛啃跟癌症或健康有關的書籍之外，並且走訪中西醫、自然醫學、生機飲食專家、其他肝友（也就是同樣有肝疾但不一定是癌症的朋友），希望從各種龐雜甚至相互牴觸的資訊中，爬梳出我們可以遵循的圭臬。

很快的，我發現飲食和作息是我們首先應該調整的，因為這兩者對健康，尤其是肝的健康影響最大。我倆都是夜貓子，很珍愛晚上寧靜的時光，心靜下來，讀書過目不忘、寫作靈感泉湧，都捨不得去睡，經常一、兩點才上床。手術後我們立刻調整到晚上十點就寢。

飲食習慣跟心理和口慾有關，通常很難改變，可是面臨生死關頭，這些都變成小事。所以我們立刻排除各種含有人工添加物的食品，糖果、餅乾、泡麵、罐頭、汽水、可樂，甚至連營養補充品也不吃，因為醫生說即使是維他命也有賦形劑，仍然要靠肝代謝，會增加肝的負擔。

蘇起愛吃肉，無肉不歡，尤其是久燉久煮的大塊肉，像梅干扣肉、東坡肉、紅燒蹄膀、冰糖肘子都是他的最愛，蔬菜水果卻很少碰。於是我做了個大翻轉，過去吃太多的現在少吃，過去吃太少的現在多吃。整整有兩年我們吃得很「植物」，除了蔬菜、水果、豆類之外，只有蛋和少量的魚或瘦肉。

再來是戒掉危險因子。

蘇起酒量很好，但沒有酒癮，過去常被抓去擋酒，現在有了正當理由，從此滴酒不沾。至於菸就困難多了。婚前我就曾威脅利誘、軟硬兼施希望他戒菸，可是蘇起說：他抽菸二十年、認識菸比認識我久得多了，要是為我戒菸，我可得小心他見色忘友、喜新厭舊。玩笑歸玩笑，他還是認真地戒了兩次，但兩次都以復抽、並且抽得更兇做結局，嚇得我不敢再要他戒菸。

尤其中醫說：「怒傷肝」。我擔心嘮嘮叨叨會更增他心頭煩惱，所以連提都不敢提。那怎麼辦呢？靈機一動，最好的方法是讓他自己從心底認同戒菸。於是每天我都將報章雜誌上有關抽菸影響健康、特別是容易致癌的文章剪下來，偷偷地放在他書桌上，平常卻隻字不提，好像沒這回事。

過了一個多月，有一天，蘇起竟然主動說要戒菸。我喜出望外，立刻跟進說：「太好了，你戒菸，我就戒巧克力。」兩個人一起揮別最愛，讓他減少相對剝奪感。擔心這樣還不夠，我立刻加碼說：「如果我發現你抽菸，我就罰自己跪。」就這樣，蘇起終於成功戒掉菸癮，我也戒掉巧克力，皆大歡喜。

所謂危機就是轉機。疾病給我們最大的動力一步一步修正過去生活上的錯誤，終於一點一滴地找回健康，平安通過第一個兩年的關卡，讓我們再次體會置之死地而後生的真諦，而心靈也再次彰顯了它的力量。

聖嚴法師送我一個孩子

雖然靠著心靈遊戲，我度過生命中一些大大小小的考驗和關卡，但是民國八十二年，當我來到聖嚴法師面前，參加他所主持的社會菁英禪三營的時候，卻像一個身心都被掏空的破布娃娃。

那時候蘇起剛剛度過復發率最高的兩年，我彷彿看見隧道口的一點亮光，但後面還有一個五年關卡，前路依然籠罩在黑霧中，心頭始終沉甸甸。而過去兩年沉悶、高壓的生活也幾乎耗盡我的元氣。為了讓蘇起有更強烈的幸福感和求生意志，這兩年間我努力「做人」，因為我知道蘇起很喜歡小孩，有了小孩一定會讓他很開心，當然也會激勵他的求生意志。

沒想到得金鐘獎還比生小孩容易。民國八十二年九月，我二度流產，身心俱疲。尤其不能原諒自己的是，已經有流產跡象，但我放心不下當天一個現場節目，仍然抱病上場主持，節目結束再趕赴醫院，小孩已然不保。

一個朋友給了身心俱疲的我一套聖嚴法師講心經的CD，我放在車上，連聽了三遍，忽然有所感悟。正好法鼓山社會菁英禪三營開班，一共三天的禪修時間，由聖嚴法師親自帶領。我立刻報了名，這也是「視工作如命」的我第一次這麼乾脆地放下工作。

記得大學有段時間，我經常一早起來在校園裡讀《聖經》，覺得是人生很好的指引。但是為了不讓自己在從事新聞工作時，有思想上的條條框框或先入為主的成見，我一直避免有宗教信仰。

民國七十三年，為了訪問達賴喇嘛，我生吞活剝了許多漢傳和藏傳佛教的經典、書籍，但對佛法依然是一知半解。由於在法會和訪問過程中很受感動，於是當面向達賴喇嘛發願回國後將做一個佛教徒，但達賴喇嘛卻說：「只要做一個好人就夠了。」這一方面讓我感佩他宗教家的胸襟，一方面也順水推舟，減輕了承諾的壓力。

可是這一次，身心俱苦的我希望能找到一個真正能「離苦」的方法，讓我能卸下身心的重擔。三天禪修中完全禁語、連電話也不准打。每天從早到晚的功課是早晚課、禪坐、經行、吃飯、師父開示。

沒錯，吃飯也是功課。聖嚴法師教我們飯前要感恩，用餐時每口飯要專心嚼三十二下，右邊十六下、左邊十六下，好好品嘗飯菜香。吃完飯用湯或茶把碗底沖乾淨、喝下去，一絲一毫都不能浪費。

除了學吃飯還要學走路。「經行」這門課也讓我納悶，為什麼要學走路，我走了四十年還不會走路嗎？為什麼要走那麼慢？什麼叫把心放在腳心、清清楚楚感覺從腳跟到腳尖踩下的每一步？我懵懵懂懂跟著隊伍前進，大家慢、我也慢。有時跑香、大家一陣快走，我也跟著快走。心裡不明白，腳下卻不含糊，努力揣摩，想要領悟其中的深意。

禪坐是重點，我更全心投入。在聖嚴法師的口令下，我們依次放鬆腹、背、肩、頸、下巴、兩頰、眼皮、眼珠、額頭、整個頭部。我第一次聽說要放鬆眼珠，驚訝得眼珠都差一點掉下來，心想怎麼可能做到。對於分秒必爭、長期處於緊張備戰狀態、全身僵固的我來說，放鬆是從未有過的經驗。

一開始完全抓不住要領，但是經過一次又一次練習，慢慢品嘗到放鬆的好處，體會到前所未有的輕鬆感，也愛上了靜坐帶來的身心變化。雖然腿痠、痲、疼不時干擾，但我盡量用師父的方法，把注意力放在呼吸和數息上，不去特別注意痠痲疼的感覺，慢慢竟然也能坐完一炷香。

也許就是因為學會放鬆，結束禪三才兩個多月我就發現懷孕了，距離我的醫師允許我再度懷孕提早三個月。這次我學乖了，懷孕七周立刻請假休養，乖乖在床上躺了一個月，果然順利度過每次出差錯的八到十二週。

雖然懷孕過程還是波折橫生，但是靠著佛法安頓身心，我終於如願在四十出頭生下女兒，讓我們的家庭更歡樂，更完整。我也再一次經歷心靈革命，體會身心安頓的好處！

兒女是上天最好的禮物

也許是前半生太奔波、太忙碌，上天要我好好休息、體會平靜所能給生命帶來的豐富，所以我在懷女兒的過程中波折迭起。

平安度過前三個月的懷孕危險期，讓我心情大好，盡掃前兩次流產的陰霾。聽說孕婦要多運動將來生產比較容易。自忖是高齡產婦，必須早做準備，於是每天下班後都要老公陪著散步。

正好家門口有一道陡坡，就成為我們每天鍛鍊腳力的必經之路。加上自從蘇起開刀後我們養成登山的習慣，星期假日爬遍住家附近大小山坡，心裡還暗自得意：懷著身孕還這麼俐落，將來生產一定很順利。那曉得過度運動和奮力爬坡帶給子宮過度的壓力，六個多月產檢時竟然發現子宮頸變短了，有早產的危險，醫生囑咐立刻住院觀察。

乖乖在床上躺了兩個星期，情況穩定下來，以為可以出院了。沒想到老公為了慰勞我，特別向醫院請假帶我到景觀餐廳去吃大餐，回到醫院後子宮卻開始強烈收縮、出現早產現象。我不知厲害還輕鬆地看漫畫，醫生卻臉色凝重地開始打抑制子宮收縮的藥劑，藥量一再增加，還好終於止住了宮縮；但從此我得二十四小時臥床，身上綁著儀器，手上打著點滴，吃喝拉撒漱洗都在床上解決。這對一個活動慣了的人，真是莫大的懲罰。

正當我心情沮喪的時候，一位同樣有懷孕臥床經驗的同事來看我，告訴我「轉念」的重要。她說：「你要想你每躺一天就賺九千多塊，躺得越久就賺得越多」，因為安胎一天只要付一千多塊住院費，但是寶寶早產躺保溫箱，一天要一萬多塊；「而且媽媽的肚子是最好的保溫箱」。

我一聽，太有道理了！於是立刻轉憂為喜，開始享受人生中難得的空白。每天除了做早晚課、幫孩子唸經、跟她說話外，還讀了好些平常想看但找不出時間閱讀的好書。臥床休息加調養身心三個月後，我終於平安生下健康活潑的寶寶。聽到女兒洪亮的哭聲，所有的辛苦都化成喜悅。

這也讓我再一次體認心念的重要，同樣一個事件，你引以為憂，心情一定愁腸百結；但心念一轉為喜，立刻歡欣自在。事件沒變，變的是心。所以，「調心」非常重要。醫學證明，百分之七十六的疾病都是由情緒而來！情緒不僅對胃腸道功能有影響，而且對心血管、肌肉、呼吸、泌尿、新陳代謝和內分泌等功能也都存在著類似的關係。

美國神經內分泌學家馬倫，在六〇年代證明了情緒與內分泌激素水準之間的關聯。他發現心理因素可以改變體內激素的平衡，影響整個代謝過程。而情緒引起的器官功能性變化，如果反覆且持續，最終會導致不可逆轉的結構組織性變化。中醫也有同樣說法。早在兩、三千年前，《黃帝內經》就說：喜、怒、憂、思、悲、恐、驚過分強烈或持久，都會致病。所以內心的平靜和諧對於身心的健康非常重要。

有人說兒女是上天賜予最珍貴的禮物，真是一點也不錯。女兒誕生後，家的氣氛為之丕變，「生」的喜悅，取代了對蘇起「病」的憂慮。周末假日，背著女兒，帶著我們的大麥町，到住家附近爬山、騎腳踏車，三人一犬的行列，讓不少路過的人羨慕我們的悠然和樂。

更棒的是，幾經摸索，這時我已經開始用蔬果精力湯養生。每天早上一杯用蔬菜芽苗加水果和堅果打成的精力湯，讓養生變得更簡單容易，身體也越來越好。而原本不易懷孕的我，喝著喝著，竟然又懷孕了，同時懷孕過程出乎預料順利，並且在四十四歲高齡生下兒子。因為是喝精力湯懷的，加上懷孕期中每天喝一杯五百毫升的精力湯，所以我們叫他「精力湯寶寶」。

「精力湯寶寶」讓家更熱鬧了，一子一女，構成了個「好」字。雖然蘇起在女兒出生前已經進入政府，歷任陸委會副主委、新聞局局長、政務委員、總統府副秘書長、到陸委會主委，可以說公私兩忙，但兩個孩子讓我們快樂充滿、活力充沛。

尤其心被愛、希望和幸福充實到幾乎脹滿，每天回到家看到家門口孩子們小小的鞋，心頭就湧上莫名的感動。心裡時時充滿著愛、喜悅與感動，終於讓重生的曙光照亮了我們的前路。

這一次，心戰勝了病！

婚姻是最好的修煉場

關於婚姻的諺語很多，諸如：「夫妻是相欠債」、「夫妻是前世冤家」、「急驚風一定配慢郎中」、「在外面的人想進去，在裡面的人想出來」……最近有個說法更絕：「婚姻是戀愛的墳墓，可悲的是還有小三來盜墓。」

凡此種種皆說明了婚姻的困難和複雜，也說明了經營一段幸福的婚姻需要付出多大的心力，還需要上天的祝福。

女兒這一兩年曾經不只一次跟我說：她好高興生在我們家。我以為女兒是因為離家住校，對家產生了依戀。後來聊起來才知道，是因為她的同學很多都來自破碎家庭或父母不合，讓她特別珍惜溫暖和諧的家庭氣氛。

有人說，幸福的婚姻只有一個腳本，不幸的婚姻則各有各的故事。我倒覺得婚姻的不幸常常是因為：彼此都想改變對方、而不想改變自己；每個人都向對方索取、而不是愉快地奉獻自己，所造成的。

我們婚姻的轉機，說起來還得感謝蘇起那場突如其來的生命風暴，使我們變成生命共同體，一起對抗肝癌病魔。當他開完刀，躺在病床上，我猛然想到自己老愛計較，可要是人都沒了，那還有什麼可計較的呢？

從此他真的變成我們家的 Mr. Right，為了不讓他煩惱，我凡事讓他三分，連講話口氣、方式都做了調整；我的改變他看在眼裡，不僅沒有得寸進尺濫用特權，反而也開始改變、調整。

譬如，過去他老覺得甜言蜜語太肉麻，我則引以前《華視新聞雜誌》共同主持人高信譚的名言：「愛你在心口難開，係郎兜是大顆呆」，告訴他，情感不表達別人怎麼會知道呢？現在，他常自嘲是「新好男人」，擺脫面子和身段，隨時隨地跟老婆、孩子打成一片，親親、抱抱，是每天都要有的家庭儀式。

常常有人問我：「你這麼用心照顧你先生的健康，他一定很感謝你！」我的答案卻是：「應該是我要感謝他，因為他給我這麼多機會去開發我的潛能。」

這是真的。我從不愛下廚，因為他、我發現了食物的祕密，並且愛上了烹調，才有機會變成養生達人，同時也讓自己擺脫藥罐子的生活。我不喜歡數字、更缺乏理財頭腦，婚前連報稅都找人代勞，可是當我發現他比我更沒興趣理財，只好勉力學習，因此也累積了一些我過去欠缺的能力。

我在螢光幕前當主播好好的，他忽然變成了新聞局長，出現在螢光幕前的機會大增；一家有兩個公眾人物似乎太多了，而我們的職務好像也有點利益衝突，於是我把螢光幕前讓給他，主動請調到幕後做企劃管理。為了充實自己的管理智能，我去上了政治大學EMBA，不僅結交了許多好朋友，也為自己的生涯開了另一扇窗。

有些女性主義者可能會不以為然，認為我死抱著傳統，以夫為尊，處處退讓，把自己變成別人生命中的配角。可是，我卻認為這正是佛法所說的「隨順因緣」，我隨著因緣的流轉做出最有利彼此的決定，不僅不委屈，還拓展了生命無限的可能，讓我的人生更多采多姿。蘇起回報我的是讓我擁有更大的自由與空間。

除了隨順因緣，聖嚴法師還教會我許多事，我把它用在婚姻和家庭裡，發現受益無窮。

首先是柔軟的心

記得禪三時，師父教我們禮佛，當我們跪在佛前，要用雙手托起佛足、再用額頭去觸碰佛足，表示禮敬。聖嚴法師說：「你雖然是在禮敬佛，但是因為眾生都有佛性，所以你心裡要感受你正用同樣的方式禮敬眾生。」

我一聽這話，心裡彷彿被重重一擊，眼淚不聽話地撲簌簌流了下來，好久才止住。原來，當年的新聞記者被視為寵兒，到處享有特權、備受禮遇；再加上學校老師告訴我們：「記者是無冕王、見官大三級」，養成我們自以為高人一等的心理。聽聖嚴法師這麼一說，忽然覺得羞愧，頓時好像從雲端回到了地上，心立刻柔軟了下來、也謙卑了起來。

我非常感恩聖嚴法師，要不是他慈悲又威嚴的提醒，我那不知天高地厚、愚昧的自大，不知要給自己惹來多少是非災禍；要是在家裡也擺起這種高高在上的氣燄，又哪有老公受得了，更給孩子做了最不好的示範。

其次是慎言

聖嚴法師還教我們要守五戒，其中我特別注意的是：不妄語。哪些是妄語呢？包括說謊（顛倒是非）、誇大、兩舌（搬弄是非，挑撥離間）、惡口（罵人、毀謗中傷人）、綺語（拍馬逢迎），這都叫造口業。

我忽然領悟亂說話原來罪過這麼重，難怪被形容是「殺人不見血」。從此以後我講話特別慎重，以免傷害別人，又造罪業。其實家庭裡很多的糾紛、誤解都是言語不當引起的，如果不把言語當發洩情緒的工具，可以減少多少紛爭和對彼此的傷害呢？

英國詩人雪萊曾經說：婚姻既可惡又可憎。它是人們為了降服驕傲心靈而鍛造出來的一條最沉重的鎖鏈。

的確，再沒有比婚姻更好的修煉場，我懷疑，這就是婚姻存在的理由。而我也仍在繼續修煉當中。

第四章

倒掉心中的垃圾

清除家中垃圾是每日必做之事，而抛掉心中的垃圾也必須隨時進行。恐懼、猜疑、憤怒、一定要贏、嫉妒、怨恨、壓力……這些垃圾情緒一旦堆積過多，能量就不易散發出來，身體也容易生病。

掙脫與自我糾纏不清的情緒

最近很流行「自我感覺良好」這句話，意思是指一個人對自我的概念過高。自我概念，簡單講就是一個人對自己的瞭解與看法，包括「我是個什麼樣的人？」、「我能做什麼？」，乃至於個人的知覺、意見、態度、價值觀等，合起來構成具有獨特性的「我」。

不論「自我感覺良好」或「自我感覺不好」，當自我概念跟實際表現或他人評價不符的時候，往往就會產生焦慮和情緒，慢慢累積成情緒垃圾。

心靈革命很重要的一步，就是要清除這些垃圾減少心靈的負載和淤積，但是這些情緒垃圾糾結著對自我的執著和自小養成的積習，非常難以破解、消融。

當我自覺到了生命谷底，身心俱疲地來到聖嚴法師面前，跟隨法師打禪，沒想到竟然徹底顛覆了我的價值觀，讓我認識：其實「執著自我」就是一切煩惱痛苦的來源，從而逐漸擺脫「自我中心」，也拋掉了許多心靈垃圾，身心都輕鬆了下來。

聖嚴法師的第一句話就深深吸引我，他說：「你們的人生都是有漏的，學習佛法才能過無漏的人生」。原來，我們的心很不平靜，經常心猿意馬、妄念紛飛，使我們耗掉許多能量，不能全心專注做有意義的事。我一生追求效率，聽說有方法讓自己的能量不漏失，立刻好奇了起來，決定無論如何要學好這套方法，讓自己的能量和福氣都不要漏失。

另一句讓我心頭一震的話是，佛經說：「眾生顛倒，集苦以為樂」。意思就是說我們這些智慧未開的凡夫，想法常常都是顛倒的，把明明是苦的事情，當作樂來拚命追求。在三天的禪修開示中，師父點明：自我肯定、自我成長是重要的，但更重要的是「自我消融」，因為過分的執著「我」，就是煩惱和問題的來源。這些話都像當頭棒喝，讓我心中掀起層層波瀾。

更幸運地是，禪修結束後不久，師父要在華視開一個節目叫《大法鼓》，為大家解說佛經佛法，指定由我當主持人。當時我已懷孕三個月，擔心身材走樣，不適合主持節目，立刻跟師父謙辭。師父說：「我們是選主持人又不是選美，要用的是你的頭腦又不是你的身材，跟你懷不懷孕有什麼關係？」就這樣，我開始了將近十年請法、問法的因緣。

師父擅長把艱深的佛法生活化，好讓我們能運用在生活中。可是一開始，我真是難以接受，因為師父說的法經常違背常情和常理。

譬如辦公室有人老找你麻煩，你該怎麼辦？師父說：「要慈悲他，因為他不知道這樣是錯的」，甚至，「要感恩他，因為他刺激你自我檢討、自我砥礪，因此獲得自我提升的機會，這叫逆增上緣，他算是你的貴人，只不過他用的方法是倒逆的。」天哪！當時的我完全聽不進去。我覺得不理他、不跟他計較就已經夠寬懷大量了，怎麼還能做到慈悲他、感恩他？

還好，我家老公比較不自我中心，有些行事作風跟師父說的法還滿相近的，我也覺得他這樣的行為態度讓我很受用，也會受到感動，再加上師父眾生顛倒的說法，讓我開始疑惑，也許我的觀念才是顛倒的。於是，我試著拋棄自以為是的常情常理，努力把師父的道理裝進腦袋，並且在生活中實踐，結果發現：當我對待別人的態度改變，別人對待我的態度也隨之改變；更重要的是：照正念做事，心情好輕鬆，一點彆扭或一點負擔都沒有。

師父說法常常直指核心。譬如師父說「無我」，他說：「人的身心時時刻刻都在變化，過去的你、現在的你、未來的你，前一秒的你、後一秒的你，到底哪一個是你？」當場問得我啞口無言。既然「我」是時時刻刻變化的，那又有什麼好執著？或能執著的？

我執或自我中心觀念破了、淡了，心靈垃圾自然就容易清除了，煩惱也漸漸少了。

要清除的心靈垃圾有哪些呢？

首先是恐懼。

很多人都有過害怕、恐懼的感覺，甚至不少人因為恐懼而無法施展手腳，或不敢去嘗試很多事。事實上，我認為很多恐懼都是自己嚇自己，是內心有這種恐懼，而不是環境中存在著這種威脅。

就拿我自己克服恐懼的經驗來說吧！小時候我非常怕黑，黑的地方從不敢去，連我家樓上，一到天黑也成了我的禁地。

記得每次要洗澡，因為浴室在門外，要經過鄰居黑黑的走道，我都是哄著弟妹陪我。我先不說要做什麼，而是以講故事起頭，由於我很會講故事，每說到一半就不說了，他們急著想聽完，我便搪塞一句：「我現在想去洗澡了，你們乾脆等在浴室外面，我一邊洗一邊說好了。」就這樣，每次洗澡都有人在外面陪著，我不害怕，他們也樂得聽我說故事。

因為怕黑，所以，很多事都不敢做，直到我很大了，還是改不掉這個毛病。但是，黑暗可怕嗎？我終於醒悟其實這都是自己在嚇自己，黑本身其實並不可怕！

於是，我便開始很努力地克服怕黑的恐懼，並一再鼓舞自己、告訴自己：「黑並不可怕！要不然，你就到黑的地方去，看看那裡有什麼？會發生什麼可怕的事？」就這樣，一次、兩次，抱著「置之死地而後生」的心理，我故意走到黑暗裡，體驗黑裡來、黑裡去的過程，最後，終於去除了怕黑的陰影。

另外，我是個運動神經不太發達的人，會的運動很少，尤其溜冰讓我摔過幾次之後，更是把溜冰列為拒絕往來的項目。但我先生卻酷愛運動，尤其喜愛嘗試自己不會的運動。有一天，他忽然迷上了溜冰，那是因為在國外看到有人穿著四輪排成直線的新式溜冰鞋溜冰。

「穿上那種鞋溜得又快又好，真棒！我們都應該去學。」他興致勃勃地和我說。替我量了腳長，接著他也量了自己的尺吋，然後託朋友從國外購買。

最先聽他說這件事時，因為不知道那鞋長得什麼模樣，溜起來會有什麼感覺，所以也沒反對。好了，鞋買回來，我們也就全副武裝到了溜冰場。

我先生的運動細胞發達，雖然剛開始一兩次偶爾失手，但沒一會兒就溜得不錯了。而我呢？一踩上去，就發現很難平衡，溜起來更是舉步維艱，一會兒就滿頭大汗，而且不時跌倒，但愈怕跌倒就愈舉步維艱，怎麼也動不了。最後，我又怕又累、又狼狽，竟惱羞成怒，抱怨也就排山倒海而來。

可是我先生卻一再安慰我，要我放輕鬆，慢慢來，不要第一次就否定掉溜冰的樂趣，他甚至拉著我的手，想帶我漸入佳境。可是，我還是難免摔跤，眼見場中的小朋友對著我指指點點，我真覺得丟臉透了！

第一回溜冰的經驗，坦白說，很糟，我也沒學會。但我先生因為熱愛此道，往後不免仍拉著我去溜冰場。

我心想，若執意不去，老潑他冷水也不好；要是去了，待在樹蔭下納涼、看著他溜更是無趣，怎麼辦呢？這時，我忽然想到該給自己一點 Positive Thinking（積極觀）：就算跌倒了又怎麼樣？而且，我又配備有護膝、護肘，怕什麼？至於別人愛笑就讓他笑吧！

當我這麼一想，再下場時，輪子立刻變輕了，不再那麼難移動，稍微練習一下，居然我也能溜一段距離不跌倒了。我當下才明白，原來讓我一步都不能動的是恐懼。因為怕跌倒，所以渾身使力，輪子便卡住不能動，這層層相扣的環節，造成了我的跌跤與動彈不得，等我心情和身體都放鬆了，輪子也鬆了，一切都不再困難，溜冰也變得好玩了。

那一刻，我也才意識到，原來你以為已經克服了恐懼，誰知它在一個新的環境、不同的場合中又悄悄出現了。因為抗拒改變、因為恐懼未知，所以，在面對事情時會緊張而處理得更糟。

你是不是也有過因為恐懼而壞事，或一步也動不了的經驗？放輕鬆點，其實再沒有比恐懼本身更可怕的事了。

愈害怕愈要去嘗試

有人覺得坐雲霄飛車是件既刺激又好玩的事，因為那種高速、失速的運轉，能使人血脈賁張、呼吸加速，雖和體能挑戰無關，卻頗有和膽識較勁的味道。

我是個謹慎小心的人，講白一點就是很膽小，即使在國內遊樂園中看到雲霄飛車，都抱持著「敬而遠之」的心態，認為何必跟自己過不去，把自己嚇個半死。

有回參加記者團到美國訪問，也不記得是在哪一州了，那兒有座號稱全世界第一的最新型雲霄飛車，前進、倒轉也不知多少圈，反正是看了就令人頭皮發麻、兩腿發軟的大傢伙。邀請單位當時就徵求志願者上去一試身手，我看到記者團中百分之九十的人都十分興奮，躍躍欲試。

而我內心卻百般掙扎，一方面很想試試世界第一的雲霄飛車是什麼滋味，一方面老念頭又浮上來了，想何必跟自己過不去，到時候害怕得要死，不知要損失多少細胞。眼看大伙兒已魚貫排隊等候登「車」了，這時，我心中的積極想法又冒出頭了，它告訴我一定要去試試，超越自己恐懼的極限。

在天旋地轉中，我仍在後悔著：我為什麼要做這麼蠢的事，讓自己承受這麼恐懼的考驗！可是，下來後，卻覺得好有成就感，因為，又克服了一次恐懼，而且，還真的滿好玩。

就是這樣，對抗恐懼最好的方法，就是不斷嘗試你最害怕的事，譬如怕黑、怕坐雲霄飛車，當你都做過之後，你就不怕了。

當然，我並不是鼓勵大家盲目去做冒險的事，而是覺得在安全、有把握的狀況下，倒不妨走出自己的舒適圈，去嘗試一些新鮮的事，增加自己的身、心體驗！

不過，恐懼的層面很廣，每個人都有不同的恐懼，譬如很多人怕公開演講、怕上台表演、怕在大庭廣眾引人注意、怕考試、怕別人看不起……，而對付這些害怕的事，就是先把自己準備得很好，然後去做它！

一旦成功了之後，便會覺得自己有能力掌握它，而後每次小小的成功，慢慢累積起來便是很大的自信，一個有自信的人，慢慢就不再有恐懼了。

放鬆情緒，忘記恐懼

類似的經驗，在我主持大型晚會或現場直播的重要典禮時也常印證。

當我準備得很充分，不害怕時，我會顯得神采奕奕、信心十足，在台上表現得左右逢源、可圈可點，那種出乎尋常的順利，彷彿得來全不費功夫。但是，當我稍稍有點猶豫，擔心自己是否不夠好，會不會失常時，完了！一有這種想法，那天在台上的表現必然大打折扣，不夠完美。

所以，內在的恐懼完全是不必要的，它的存在不但會造成一股壓力，還會影響到你的表現。如果能拿掉心中的恐懼，那麼，結果一定會比原來好很多。有此警惕後，在任何時地，當我一察覺心中有恐懼時，立刻便開始深呼吸，以放鬆情緒，而當我真正放鬆時，也就忘記了恐懼。

事實上，專家們也認為呼吸和腦有密不可分的關係，當你放慢呼吸時，腦子的運作便會比較平靜。另外，用積極的念頭自我暗示也是不錯的方法。我會告訴自己：恐懼、緊張只有壞處沒有好處，你已經準備得很好了，你可以做得很好，只要你願意，你一定可以克服！一這麼想，我立刻自在得多。

學開車的經驗也讓我體會到沒有恐懼可以釋放多少能量。因為恐懼，我拿到駕照六年卻從未上過路；但當我去除恐懼後，不到一小時就能開得很好立刻上路。

所以說，常把自己嚇得半死的，不是別的，而是心中的恐懼。恐懼不僅會耗掉你不少心能，還會禁錮你的實力。而克服恐懼後最大的收穫是，讓你的心體會到前所未有的自由，以及因此而釋放出來的能力，這足以大大彌補你在克服恐懼時所喪失的能量。

很多人最大的恐懼就是死亡，我也一樣。但是在《大法鼓》討論生死的時候，聖嚴法師說，有生就有死，從出生開始我們就一步步走向死亡，但死亡並不是生命的結束，反而是另一段新生命的開始，所以不需要恐懼。想通了這一點，我對死亡的恐懼大大降低，心中的一塊陰影也隨之消失得無影無蹤，讓我的生命更加自由自在。

我一直相信，有一天人腦會像高速電腦一樣，擁有想像不到、比今天還高得多的能力，但前提是人必須把一些隱藏於心中的障礙去除，如猜疑、妄念、恐懼、煩惱……等，一旦拿掉這些束縛，才有可能發揮潛能，使心靈的力量源源不絕。

猜疑——人際關係中最大的地雷

我想很多人都有這樣的經驗。小時候，當你兩個最要好的同學忽然悄悄地躲到一邊去說話，而把你排除在外，你一定會疑神疑鬼地想：他們是不是在講我的壞話？

長大了，人際關係更複雜，更難免猜東疑西。「咦，有沒有同事在中傷我？」「這件事會不會是陷阱？」「聽她的口氣，好像在諷刺我，她為什麼要這樣？」……我覺得，很多事固然要謹慎以對，但過多的猜疑卻是十分耗費能量的事，對人際關係也有很大的殺傷力。

我有對夫妻朋友，他們的感情很好，是那種經過多年戀愛、相知相惜，而後結婚生子、共同建立起幸福家庭的夫婦，雖然生活並不富裕，卻過得十分快樂。有一天，這個太太忽然開始不快樂了，因為、她覺得她先生變了。懷疑的原因始自她的先生最近突然加班頻繁，雖然他以前也加班，但加班費都會如數繳庫，但這個月以來，卻不見他提起任何加班費的事。

「難道他在存私房錢？還是，他根本沒有加班，加班只是藉口，他都瞞著我去做什麼了？」

但她的疑慮卻因先生回家後並無異狀而不便挑明，只是在心中不斷發酵、累積，變得愈來愈不快樂、愈來愈不說話。

有一天，先生回來得特別晚，她經過一整晚的煎熬，終於忍不住爆發了，「我要和你離婚！」就在她先生才跨進門檻的那一刻，她大聲地吼出這句話。

她的先生丈二金剛摸不著頭腦，急著問她為什麼？在一番憤怒、帶淚的傾訴之後，他才明白妻子原來是在懷疑他有外遇或者偷藏私房錢。他恍然大悟地笑了，說：「記不記得前一陣子我們經過一家珠寶店，你看到一個胸針說很喜歡，因為下個月就是我們的結婚紀念日，所以，我特別在這二、三個月拚命加班、存錢，為的就是要買下這份禮物送給你，我沒告訴你是想給你一個驚喜。」

先生接著很抱歉地摟著太太的肩，說都怪自己沒先說明，才引起太太這麼大的誤會，實在很對不起。這個太太更是痛哭流涕，為自己缺乏信心、並且對先生缺乏信任而內疚不已。要不是兩人解釋開了，否則，她還不知要折磨自己多久，甚或輕舉妄動地採取報復手段，破壞這樁美好的婚姻。

由這個實例可以看出，猜疑其實是人際關係最大的地雷，一不小心就會讓多年情感毀於一旦。因為猜疑往往只憑蛛絲馬跡，缺乏證據，所以說不出口；既說不出口，便在心中反覆發酵，就彷彿酸醋製造過程一樣，原本還不酸，愈擺就愈酸，最後終於把兩人的關係徹底酸化；再不就是一不小心觸動地雷，引起兩敗俱傷的慘痛結局。

其實無論是夫妻還是男女朋友，彼此的信任感很重要，若因小小的猜疑而需要對方不斷地解釋；或是不說清楚，任由雙方關係惡化，那就像滾雪球一樣，必會引發不可收拾的後果。

就拿前面那對夫妻來說，如果太太信任先生，想的盡是他加班很辛苦，回家後對他也格外地好，她這麼做必然會引起先生的感激，從此更體恤她、愛憐她。就算真有外遇或在外做了什麼壞事，也容易回心轉意、改邪歸正。反之，不明究理擺出一張臭臉，愛理不理或惡言相向，久了，夫妻感情自然惡化，甚至引爆火種，造成勞燕分飛的局面。

這些例子實在太多了。換作你，你會怎麼選擇？

拿掉心中猜疑的種子

記得有一次跟一個婦女團體出國，晚上兩人同住一房，我分配到跟一位熟朋友同房，心裡很開心，我們也處得很好。可是有一晚，她忽然發現一個名牌化妝品不見了，到處都找不著，我也幫忙找，卻毫無所獲。她說：「應該不會不見啊，我昨晚還用它呢！」我聽那口氣、看她的神情，好像在懷疑我偷拿了她的化妝品，心裡頗不是滋味，可是又不好意思點破，只好悶在心裡。還好第二天，她翻找另一個手提袋，無意間發現那個化妝品，她好開心，我如釋重負，可是心裡也不免感嘆：「枉費多年友誼，連這點信任都沒有。」

其實人難免都會疑心，我也曾經懷疑同房室友拿了我的錶。那是我乾媽送的紀念錶，非常漂亮，我一直很珍惜。那天早上起床要戴錶，卻發現錶不見了，心裡很著急；除了到處翻找，也不免問問室友，措詞還好、可能語氣和神情露了餡，室友聽了表情一變，我越發覺得可疑。可是沒一會，我就在昨天穿的衣服裡找到它了，原來自己匆忙間順手一放就忘了，室友臉上立刻露出笑容，我卻尷尬極了，心裡暗暗自責了好幾天。

還有一次，跟隨一個訪問團到國外訪問，住在到訪單位提供的宿舍。離開前一天，一位團員忽然找不著一筆錢，心裡很著急，一晚上沒睡好。第二天一早她告訴大家這件事，並且懷疑是整理宿舍的人偷了，要求團長找邀訪單位幫忙處理。團長擔心事情鬧大了會影響雙方友誼，建議她再找一找。還好，臨走前終於找到了，原來是自己放錯了地方。還好團長沉得住氣，否則就貽笑大方甚至冤枉好人。

所以說，凡事多往好的一面想；在沒找到證據前最好不要亂撒猜疑的種子，以免傷人傷己。但也有人說，防人之心不可無啊！在這個爾虞我詐的社會裡，別被人賣了還高興地和他一起數鈔票，這不是白癡嗎？看看詐騙集團多厲害呀！

我認為，謹慎小心是必要的；實事求是、明察秋毫也是必要的；不貪小便宜以免掉入陷阱更是必要的；但若時時、事事猜疑，難免心力交瘁，甚至得焦慮症。畢竟人也是有本能的，可以察覺一些陷阱，你應該隨時保持警覺，卻不要讓它占滿你的心。

如果心能就像電腦，一旦讓猜疑占據整個記憶體，那它還能正常運作嗎？所以說，適度小心警覺就夠了，像猜疑這種耗費能量的垃圾，必須快快倒掉，這樣，我們的心能才能運作得更順暢、有力。

清末一代學者鄭板橋說過一句名言：「難得糊塗」；前人也告訴我們：「吃虧就是占便宜」。的確，人有時太過精打細算，自己費心傷神不說，別人也會害怕而防著你的！

因此，只要不帶給自己太多傷害，吃點小虧有什麼關係？不妨也多信任別人一點。

記得剛進華視時，個性單純的我完全不理解大機構裡人事的複雜，不時就會有人來和我說東道西，害我一不小心就捲進了是非派系中，要選擇「站邊」。

我當時的心情真的是很惶恐害怕；怕被陷害，也怕無事惹事。

後來經過一番思考，我體認到：因為我缺乏這方面的能力與經驗，勉強去玩這些勾心鬥角的遊戲，不但玩不過人家，還會死得很慘！那又該怎麼辦呢？

我發現「一誠天下無難事」，只要老老實實、誠誠懇懇的，既不須浪費心力於無謂的人際糾紛上，人家也不會多花力氣來對付我，這樣，我不但可以專心做事，還可以避開許多是非。

因為對人抱持著一貫的誠懇，直到現在，還有人封我是「模範生」，說我就像是那種老師說什麼都相信、都會照做的好學生。還有人笑我「神經大條」或「少一根筋」，我一點不以為意，因為這就是我所能做的最好選擇。

我也的確喜歡這套以簡馭繁的方法，以信任代替猜疑，包括對我先生。幾次發現我的神經過敏實在無聊至極後，我再也不查勤了，絕對信任我的先生，我發現彼此的關係反而更好。如果我很愛猜疑，天天都懷疑他的行蹤與所做的事，那麼，查勤所帶給他的訊號必然是負面的，容易引起他的反感不說，也會間接影響我們之間的感情。而且，猜疑也讓自己的心理負擔加重，又何必呢？

也許正因為對人信任、誠懇，別人通常比較不忍心欺騙我；又因我的單純，別人也不會用複雜的方法對付我。至於吃虧，我也抱著「吃一次虧學一次乖」的心態，從不計較。我甚至想，吃點虧也好，若讓對方產生了罪惡感，下次就不會再把我當目標了。

至少去除猜疑後，多餘的心能發揮了更大的功效，算一算還是划得來的，你說是嗎？

贏了世界又如何？

現代人都喜歡做強者，所以「我一定要贏！」就成了很多人的人生指標。

如果你常常要贏，請問，誰又喜歡常輸呢？

雖說輸贏乃兵家常事，但很多人卻覺得「輸」這個字太嚴重了，事關面子問題，所以即使只是小小的口角抬槓，爭到最後，甚至可能大打出手，誰也不讓誰。若為了贏得面子，而輸掉裡子，這種贏法，又有什麼意義？

我有個朋友在逛街時買了一件絲質長褲，花色、樣式都不錯，很高興，回家後便立刻下水，想隔天就穿。想不到這件褲子下了水立刻褪色，還縮水，根本不能穿了。為此，她很生氣，拿了褲子就回那家店大罵店員，並要求退貨。

「你們賣的褲子貨不真價不實，現在料子縮了、顏色也變了，怎麼穿？」我朋友氣呼呼地罵。

「你白癡啊！誰都知道絲料不能下水，要用乾洗的，我看你才是鄉巴佬！」店員也反唇相譏。

在互相不甘示弱，一個堅持退貨、一個不肯妥協，聲音越來越大的當兒，這家店的老闆娘出來了，問清楚怎麼回事後，老闆娘和顏悅色地向我朋友說：「這不能怪你，我們也有疏失，應該先提醒你絲料不能水洗的。」

這時，我的朋友也覺得有點兒不好意思，尤其老闆娘決定讓她退貨時，她便提議貨也不用退了，只要打個折扣，讓她再買別的衣服好了。「我想我也有點責任，如果我在買的時候先問一下，或者回家後先看了標示，應該就不會發生這種事了。」

在雙方都讓步後，這件事終告圓滿解決。後來，我的朋友不但常上這家店光顧生意，同時也和老闆娘成了好朋友。

所以，倘若時常抱著一定要贏的心理，人際關係中必然充滿火種，因為你一定要贏，那誰該輸呢？反而肯認輸的人容易贏得別人的好感，化解僵局，最後算起來贏得最多。

通常，口頭爭執最容易引起糾紛，有不少人就為了小小的停車或超車問題而起了口角，一言不合大打出手，甚至演變成殺人事件。說起來，這都是輸不起的心理在作崇。

我覺得輸不起、愛面子其實都和缺乏自信有關，一個有信心的人，通常比較容易就事論事，有錯就承認嘛！誰不會犯點小錯呢？但缺乏自信的人就會認為，一旦被指出錯誤就等於否定了他的人格、價值，所以，非要拚個你死我活不可，最後讓人際關係充滿了火爆的氣氛。

夫妻也一樣，許多無謂的口角、爭執都起源於一定要贏的想法，好像誰先低頭、先道歉就輸了；即便是小小的擠牙膏習慣，也會引起輸贏的爭執，甚至釀成離婚事件。想想，它的殺傷力多可怕！

所以，「一定要贏」是我們必須倒掉的第三種心靈垃圾。

千萬別做怨恨的「奴隸」

心中若常充滿了不平、不滿，積久就變成了怨恨。

許多人以為怨恨別人是在報復別人，事實上，受害最大的卻是自己，甚至淪為對方的「奴隸」而不自知。怎麼說呢？

因為那人在他心中占了太大的比重，心中憤怒、仇怨的情緒盤旋難消，無時無刻不在傷害自己、牽制自己。同時，花費太多心力在怨恨上，很多該做的事都被耽誤了，從這個角度看，他難道不是那人的奴隸嗎？

我知道一個實例，是一對模範夫妻的故事。他們白手起家，夫妻一齊打拚，事業有成後，妻子回歸家庭，擔負起照顧子女和長輩的責任；先生則貴為上市公司的老闆，有地位聲望，在眾人眼中，他倆是多麼成功的一對！

然而有一天，太太卻發現先生有了外遇，原來，取代她之前工作的會計小姐和自己的老公近水樓台、日久生情。為此，她傷痛欲絕。但為了顧念家庭的完整，以及不願破壞先生得來不易的事業，她選擇隱忍，並且努力挽回這段婚姻。

於是，她便對先生格外地好，期間，也曾多次坦誠溝通，希望先生珍惜兩人一路辛苦走來的情分，結束外遇，和那個女人一刀兩斷。他的先生卻以責任感為由，拒絕了她的請求，因為會計小姐已為他生了孩子，他不能不顧道義；但他同時也保證會加倍愛護妻子、照顧家庭，請太太務必體諒他的難處，成全他。

這個太太從此益發痛苦，人前維持著夫妻和好的模樣；人後，卻總是板著一張臉、心事重重，和先生展開了長期冷戰。她的先生自知理虧，對她委曲求全、加倍討好，留在家裡的時間也明顯增加了。

這位太太雖然也知道自己不該對先生百般刁難，終究「腳踏兩條船」的先生還是把重心擺在她這一邊，但每次察覺他從「那邊」回來，本能上，她就像掉到冰窖中一樣，心整個凍結了。

由於心中的怨恨不停燃燒，久而久之，她整個人形容枯槁，好像一下子老了十歲。少數幾個知道內情的朋友勸她想開一點，既然老公已知錯，又處處想彌補，她是不是可以寬懷大量忘掉他的錯、原諒他，同時不要再自苦下去，否則，受害最大的還不是自己。但她的答覆卻是：很難！

其實，人不該因為別人的過錯而懲罰自己。如若不能停止怨恨，那就成了怨恨的奴隸，永遠受到心靈的折磨。

這麼說來，怨恨難道不該立刻倒掉嗎？

放開自己，為自己鬆綁

還有一則故事，也是關於一對怨偶。

這對夫妻是同事，每天同進同出，是辦公室中的最佳拍檔。有一次，先生因業務公差南下，卻情不自禁地和公司另一位單身女同事發生了曖昧關係；回來後還藕斷絲連，難分難捨，在紙包不住火的情況下，太太終於知道了這段出軌的婚外情。

夫妻先是鬧得不可開交，之後，太太便開始採取各種報復手段，包括捉姦、到處陳情、訴冤、羞辱第三者……，以致先生離她愈來愈遠，後來索性搬離了家，自動分居。這個滿懷怨恨的太太怒火中燒，更是痛苦了，她偏偏不肯簽字離婚，為的就是懲罰她變心的丈夫，不讓他好過。

在憤怒、怨恨反覆煎熬下，短短幾個月之內，她蒼老了、瘦了，連高血壓、焦慮症都出來。後來，她終於在宗教中找到力量也得到啟示。她發現一樁婚姻若出了差錯，問題必出在雙方，而非單方或第三者；也許先生是有錯，但她也該自我檢討一下，不能把錯全推給對方。其次，若兩人的感情已經無法挽回，那麼，徒然的怨恨、報復不僅無用，反而會使事情更加惡化。

同時，她也發現自己才是整個事件中最大的受害者，不但失去先生、婚姻，也丟了健康，這又是多不划算的事。想到這裡，她突然豁然開朗，決定放開這一切，放開先生、也放開第三者。

當放下一切後，那晚，她睡了一個久未有過的好覺，一覺到天亮，完全不再輾轉反側或靠安眠藥才能合眼。也因為放開了自己，把心中仇恨的烏雲除去，她的生活也撥雲見日。她恢復了往日的開朗，常常跟朋友聚會，生活再度變成彩色。

如果遭受不平或受到傷害，本能地我們都會產生怨恨，因為怨恨是最直接的反應。如果怨恨能懲罰對方或讓對方受到傷害，那也算達成了一些報復的願望。但是，怨恨就像一柄雙面刃，也許它傷了對方，事實上，自己受的傷卻更大；還有一種狀況是，若對方根本不理睬你、對你的怨恨毫無反應，那麼，你就算恨死了也沒用啊！

因此，自我傷害或傷害別人都不可取，當事情發生時，不如誠實的面對，就事論事：

為什麼會發生這種事？

我是不是做錯了什麼？

這件事是否可以彌補？

我應該如何補救挽回呢？

如果不能，我應該怎麼做才能跳脫出去，再去尋找另一片天空？

千萬不要執著於原有的情境、坐困愁城，任由怨恨灼傷自己。

別讓自憐毀了自己

自憐也是常有的一種情緒反應，特別當背叛、情傷發生時，除了怨恨外，往往也會自傷自憐，覺得自己根本沒有錯，為什麼會變得這麼慘、這麼可憐，老天未免太不公平了！或者某人實在對我太壞了……

不是怨天就是尤人，於是，四處尋求安慰、到處投訴告狀；做法激烈的人，甚至還會有一死了之的念頭，想以自殺行為來報復對方、讓對方內疚。最常見的例子便是孩子被父母責罵後，一賭氣就離家出走了，或自甘墮落、自我傷害，想讓父母懊悔一生。

另外就是先生外遇，太太一時想不開，就帶著孩子跳海、跳樓，或全都服毒身亡，讓不負責任的先生難過一輩子。這麼做，以為給了對方重重一擊，徹底傷害了他，其實，受傷最大的還是自己，因為這種非理性的行為，非但不能解決問題，還賠上了自己和孩子珍貴的性命，值得嗎？何況，先生就算後悔、傷痛，那也只是很短的時間，很快他就會另結新歡；即使他因此而傷心很久很久，十年、廿年，又與你何干？因為你早已不在這個世上。

所以，因自憐而產生的自毀手段完全沒必要。

另外還有一種自憐完全是心理上的自我想像，譬如《紅樓夢》中的黛玉葬花、因花流淚，她的傷春悲秋原有她自己的感慨，但透過文字與情境的描述，卻傳達給我們一種悲悽的美感：原來生命應是悲喜交錯的，若沒有些憂鬱感傷，又怎顯得出生命的質感？

於是，許多青春期的少男少女便陷入為賦新詞強說愁的情緒裡，或耽溺在瓊瑤式的愛情小說中，尤其是女孩子，特別容易陷入那種俊男美女的故事裡，以為感情一定要受點傷害、折磨，又有點憂愁、傷感的情緒，這樣才是真實的愛情。殊不知這種自以為是的早熟與多愁善感，恰是阻礙成長的障礙，而若一味享受那種沉溺，並沒影響到他人，那還好；若也干擾到別人，成為別人的負擔，麻煩可就大了！

當年我有個大學同學失戀了，由於受不了這個打擊，他便常常找人傾訴，有時也會打電話給生命線、張老師，希望得到一些安慰、同情與關注。

照理說，這種失戀的低潮應該很快過去，因為他已得到許多慰藉，也知道不少自我調適的方法。但是，我們卻發現他已完全耽溺於自憐中不可自拔，藉著這個挫折，不斷地以「倒垃圾」為樂事，並變相得到滿足。

久而久之，我們都對他敬而遠之了，由原來的同情轉變為厭煩，因為我們再也不願當他的「垃圾桶」。而他呢？在那一大段日子裡，不但浪費了許多時間，更重要的是停止了學習、成長，也失去了不少友誼。

由此可知，自傷、自憐都是不好的情緒，這些情緒和恐懼、猜疑、怨恨……一樣，都會讓人的心理不平衡，也間接使身體失去健康。

怎麼說？

愈來愈多醫學研究顯示，疾病和情緒有著密不可分的關係，譬如易怒、動輒生氣的人容易得高血壓、心臟病；心中經常不平、不滿，認為自己被欺負的人易致肝癌；悶悶不樂的人易得乳癌、肺腺癌；悲痛久久不能平復也容易引發癌症……，因此，不管是為生理或心理的健康，我們都最好把這些心靈垃圾趕快倒掉，但千萬別把他人當垃圾桶。

別讓嫉妒刺傷你

人，生來就會比較，所以，也很難擺脫嫉妒這種情緒。

小時候，你會覺得媽媽每次給弟弟的糖果都比較多；為什麼姊姊總是穿新衣裳，而自己卻得穿她傳下來的舊衣服；爸爸總是常抱妹妹，而少抱自己；祖父祖母好像比較喜歡哥哥，而不喜歡我……

很多研究顯示，幼年時期發生的這些手足相妒的點點滴滴，一直到大了，可能還是當事人心裡一個很大的傷痛，不但會影響到他們的行為，甚至會破壞他們的人際關係。換句話說，很多心裡隱藏有幼年與手足相處不愉快陰影的人，到長大了，他們也不容易與人相處融洽，因為，他雖不自知，卻易顯示出個性中善妒、愛比較的一面。

因此，父母在教養子女的方式、態度上，一定要做到公平，要讓孩子覺得大人的愛是平等的，絕不能讓孩子在衝突與不和諧的環境中成長。

嫉妒其實也可以說是一種天性，是一種潛意識的行為。也許你不願意承認自己有這種情緒，也或許你根本不知道它一直存在在你心裡。但當嫉妒在潛意識中發酵時，便會有形無形地影響你的人際關係。

有嫉妒這種情緒的人，講話總是酸酸的，被他損了幾句，你心裡必然不高興；也可能他偽裝得很好，像在開玩笑，但聽了總是不舒服！像這種人，明顯不友善，你會喜歡他嗎？另外，就算嫉妒隱藏在心裡，一直不露形色，但任何一種心念都是一種看不見的能，它會形成一種氣氛，使對方受到感染；這種潛在的能量，就是我們常說的人與人間的「化學反應」！

請問，如果你很討厭一個人，和他相處時，你會散發出熱情友善的氣息嗎？若你渾身不舒服、彆扭，他會感覺不到嗎？他又怎會喜歡和你交往。相對來說，如果你放出的心念是正的，充滿喜悅開朗，那麼，和任何人相處無不愉快，尤其和你欣賞的人遇上，一見面就互生好感，同性叫「一見如故」，異性就稱之為「一見鍾情」嘍！

其實嫉妒別人的人，內心也不好過。只要看到別人有某一方面比他好，他就覺得難過，覺得自己被比下去了，心裡就彷彿有一根刺在刺著，必欲超越對方，或損對方幾句而後快。要不就是藉輿論攻勢來破壞對方，譬如說：「你別看他有幾個臭錢，其實他是為富不仁。」或者某人升官了，落選的可能會說：「其實他那有什麼能力，還不是靠拍馬屁，他該改姓馬……」等等。

喜歡嫉妒的人往往既看不順眼比他好的人，也看不起不如他的人，在他眼裡簡直沒有什麼好人，所以他會覺得自己很可憐，怎麼盡碰到這些小人或上不了檯面的人。其實除掉嫉妒這根心中的刺、眼中的荊棘，他就會發現每個人都有可愛的一面，也有值得學習的地方。

孔夫子也說過：三人行必有我師。如果我們能打開心胸、欣賞別人、發現別人的優點，並善用真誠的讚美肯定、鼓勵別人，則人我關係一定會好，而自己也受益匪淺。

下次當你心中嫉妒又在發酵，譬如，看到某人穿著一身名牌、或升官加薪、或獲得許多同儕的讚美、贏得獎項榮譽……時，切記！請改以欣賞的角度去看他（她），這時身心都會輕鬆多了，至少心裡面再也沒有一根刺，會不停地刺痛你。

為什麼老找藉口？

另外一種對人際關係很有殺傷力的情緒是遷怒。

我們很容易遷怒別人，因為人都不能接受自己犯錯，在自己的心目中，總認為自己最完美、最好、最對，所以，一旦發生錯誤時，大部分人都會很有挫折感，覺得受傷害了，所以，他第一個反應便是：這都是他害我的！要不是他如何如何，我也不會怎樣怎樣……，把過錯全推到別人的身上。

這種推諉，既掩飾了自己的過錯，也安慰了自己，讓自己好過一點。但是，就算心裡暫時舒服了，潛意識中仍知道自己確實有錯，由於一時的諉過、遷怒，以致內心更掙扎。

因為，你的諉過往往採取的是散播流言的方式或打小報告，所以擔心對方知道，會報復你；於是，格外緊張、焦慮；又如果你根本就是明目張膽遷怒，這更容易在兩人之間埋下衝突的火種，可說是一波未平、一波又起，心裡的起伏就更大了。

我有個朋友很愛遲到，每次聚會，只要他來了，就全員到齊了。有次參加的是一個很重要的餐會，座中有不少政要長輩，他又遲到了一個多鐘頭，當匆匆露面時，只好故技重施地以交通堵塞為由，為自己打圓場，想不到在座一位長者就說了：「你以為我們都是搭直升機來的嗎？」當場，他面紅耳赤！

和遷怒有著最直接關係的就是藉口，若自己的錯誤無法諉過於人，我們便會找藉口，而這些藉口通常也都是無傷大雅或不傷人的，聽到的人也不會介意。但夜路走多，總有遇見鬼的時候；常找藉口讓自己有台階下的人，也難免有被拆穿、責備的一刻，那時又多尷尬！

像這種經驗我們都有，有時遇上對方寬宏大量，即使很受不了，也會說「算了、算了」，但有的人向來嚴以律己，也嚴以待人，他很可能就會對你經常性的藉口不滿，並對你其他的行為產生懷疑。

如果不願讓自己的人格被打上問號，因小失大，還是立刻改正一下自己積久成習的小毛病吧！與其老是要找藉口、捏造理由來搪塞自己犯的過錯，還擔心別人接不接受，不如當時就坦白認錯、道歉了事，並想辦法改變自己的行為。

總而言之，為了掩蓋一個錯誤，而犯更多的錯誤，或找許多藉口，都是白費能量的事，站在節省心能的立場，還是趕快把這個毛病改掉吧！

接受它、面對它、處理它、然後放下它

我們常常杞人憂天，還沒發生的事就擔心它會發生，因而惴惴不安、憂心忡忡。當去面對客戶時，就先想：他不知會不會拒絕我；要參加考試，先憂煩起自己可能會考不上；去應徵工作，就擔心自己會落選……

我有個朋友，由於聽過許多先生外遇的故事，很擔心自己的先生也會有外遇，擔心之餘，繼之以查勤，還因此常常跟先生嘔氣；結果連頭髮都愁白了，可見她為這個平白無故的憂慮耗損了多少能量。

事實上，當你因為擔心而飽受折磨時，等於已給自己一個失敗的暗示，如：我可能考不上、我可能會失敗、我也許會失戀……，這些念頭會影響你的態度和行為，在無形中陷你於不利的地位；而當擔心的結果果然實現時，你又會說：你看我多有先見之明，我早就知道自己會失敗，靈吧！

這種「自我實現的預言」，其實很可能是你的擔心、憂慮所造成的。

有一個太太，因為擔心先生會外遇，她便未雨綢繆開始行動，包括拚命查勤、搜先生的口袋、檢查他衣服上是否有口紅印、聞他身上是否有香水味……，好像自己是一名能幹的偵探，任何一點蛛絲馬跡都逃不過自己的法眼。

但是，她的先生觀感如何呢？

我想沒有任何一個男人喜歡被當賊的感覺；老是被太太查勤、盤問，已煩不勝煩，再加上有意無意吵一吵、鬧一鬧，沒有的事好像也變有了。於是，有一天他突然想到：你既然老懷疑我有外遇，那我就外遇給你看吧！

當遇上一個夢寐以求的女人時，他果然出軌了。

事後他太太質問他何以外遇，他坦然地說：「這都是你一手促成的，因為你一直不停地在提醒我外遇，我要不外遇一下，怎麼對得起你？」這個妻子當場為之氣結。同理，有的人自認預感很靈，認為自己的期末考會考糟，他花了很多時間在擔心上，以致沒有好好準備功課，臨場反應也大受影響，最後，考試自然砸鍋。

又如失敗的推銷員，每次出門都擔心被拒絕，所以心情格外緊張，碰到客戶時，表情僵硬，無法輕鬆應對；稍遇拒絕，就立刻氣餒、鳴金收兵，這樣的推銷，當然失敗！

因為他在潛意識中早已給了自己失敗的暗示，之後便按著失敗的模式走，最後當然失敗。反之，如果他根本不擔心成敗問題，只知全力以赴，做好萬全的準備，那麼，表現在外的便是信心十足，當推銷時，可以把產品的特色說得很好，充分展現說服的力量，讓客戶心動而行動。

兩相比較，你願做前者還是後者？

我也發現，預先擔心不但對工作一點幫助也沒有，還會讓心好累。不如把心力省下來，專心處理真正遇到的問題。當心沒有壓力、沒有負擔，做起事來頭腦清明、效率特佳，很快就能把困難的問題解決了。

就算有時遇到解決不了的問題，也不必一味鑽牛角尖！先放下，去做別的，等過一段時間再回來想辦法。據說美國大導演史蒂芬史匹柏就是這樣，白天想不出的問題，在睡前甚至睡夢中往往就點子盡出，讓他的新戲倍增可看性與噱頭。

這就是潛能在發揮作用啊！

所以說，白擔心、動情緒或胡思亂想只會徒然浪費力氣而已，**不如接受它、面對它、處理它、然後放下它**，這也是聖嚴法師教導我們面對困境的辦法。

用對方法，掃除心靈的垃圾，不僅心理輕鬆自在，我的健康也一天天好起來。最受情緒影響的胃，在精力湯的飲食調養和穩定的情緒安撫之下，很快就由照三餐在疼、變成完全忘了它的存在；因為免疫力低下而揮之不去的感冒，也變成了稀客。身體變好了，每天精力充沛，連帶讓心情更好，形成一個善的循環，身心都舒暢，生命風景更加美好！

第五章

玩一個轉念的遊戲

命運就是一連串環境刺激與行為反應的積累，而觀念影響態度、態度產生行為。所以，無論碰到什麼事，用好的觀念去應對、去做正確的反應，這樣就會落入善的循環。

練習把壞念頭改造成好念頭，是心靈改造非常重要的一步。

尋找自己的生命藍圖

心靈改造需要一張地圖，找到自己的生命目標和價值系統。也就是說，航行在茫茫的生命大海，我們要想清楚，什麼對自己最重要？什麼才是自己認為的成功和滿足？然後朝自己設定的目標努力前進。

我相信每個人都有一張生命藍圖，而生命本身就是一趟發現之旅，我們必須找到自己的天賦和熱情，一步步實現這張生命藍圖。所以我認為人生最快意的事情就是能夠痛快淋漓地做自己，實踐自己的生命藍圖，完成這一生的使命。

但許多人習慣把別人眼中的成功當成自己的目標。最明顯的便是，大家都說當律師好、當醫生好，於是便把法學院、醫學院當成第一志願，希望將來能成為一名賺大錢、有名望地位的律師或醫生。

殊不知你一心忙著實現的目標，只是別人眼中的成功，你忙著用別人的眼光來衡量自己是否成功，卻沒有仔細認清自已的需求與方向。因此，當忙著追求的時候，心理也許還挺充實，一旦實現了目標，才發現這根本不是自己所要的，那種心裡的茫然與失落才真是刻骨銘心。

不是常聽到「中年危機」這個名詞嗎？許多事業有成的中年人在活了大半輩子後，突然驚覺自己擁有的一切並不是自己想要的，好像忙碌了半生都在做不重要的事，於是，他惶恐不安，他急於找回自己，種種價值觀也在一夕之間完全顛覆了。

有些人毅然決定放棄高薪高職、別人所十分羨慕的「好」工作，而開始尋回自我，或者重拾年輕時代的夢想，開始學畫、創作；或者重新衝刺另創新局。有些人則因缺乏轉換跑道的勇氣，也自認沒有條件再打造一個嶄新的人生，所以，只好痛苦不堪地在原地踏步，過著尸位素餐的日子。

倘若什麼都要等到中年才疑惑、反省並後悔不已，不如在年輕時及早發掘自己的興趣專長、建構自己的價值體系、隨順因緣、掌握機會，踏實地做好眼前每一件事，並且從中吸取能量，一步步建立起自己的滿意人生。

在八〇年代，大家都拚命追求成功，成功的定義就是賺大錢、創大業、出大名，而這也代表了生命的意義。所以，許多在學菁英都去念ＭＢＡ，然後，找一家大公司、死命向上爬。結果，他很可能美夢成真，賺到很多錢，也享有名望與掌聲。但當站上人生的顛峰後，大部分人卻有了反省，後悔自己在一心攀爬名利階梯的時候，犧牲了原來該有的感情生活、家庭生活，甚至還搞壞了自己的健康。

因此，到了九〇年代，很多人便有了回歸家庭、回歸田園的自覺。他們發現在職場上老是要打倒別人、拚命向上爬，並沒有那麼大的價值與意義。於是，在美國掀起了一股回鄉的風潮，很多白領階級紛紛從大都市搬回鄉下。雖然鄉下並不能找到什麼高薪的工作，但相對地生活支出減低，同時，優美寬敞的環境也適合養育孩子，總的來說，生活品質反而較高。

在台灣也一樣，有不少知識分子放棄了城市中穩定的工作收入，遷居山上、海邊或鄉下，開始過著返璞歸真、淡泊名利的日子，一家人胼手胝足共同創造新的家園，並享受和諧健康的家庭生活。

兩相比照，你可以發現成功的定義不斷在改變，也許，在二十世紀八〇年代，成功是名利雙收；但到九〇年代，成功已變成美滿的家庭生活、健康的身體與緊密結合的親情。到了二十一世紀初，各種末日傳言攪得人心不安，追求心靈平靜、心靈成長與地球永續發展成為新的方向。

所以，我們不應只看到別人眼中的成功，而要建立自己的成功哲學。畢竟人生走這麼一遭，一定有它的因緣與目的，我們要完成自己的天命，心滿意足地過一生，可不要糊糊塗塗白走一遭。

「我要怎麼過一生？」

「我的成功哲學是什麼？」

當你認真嚴肅地自問之時，也請把父母的指令、別人的說法、社會的潮流……暫時都拋在一旁吧！

活出自我的極限

談了這麼多，也許你會好奇地問：「請問你的成功哲學是什麼？」

我認為成功就是：能圓滿地處理自己的心理、生理問題和人際關係，對生命充滿熱情，並不斷學習成長。

生命就是一段發現之旅，每個人的旅程都不一樣；每個人天生的資質、才能、貧富、高矮不一樣，因緣際會也不同，所以，和別人比較完全是不必要的，只要能活出自己的價值與意義、活出自己的極限，這便叫做成功。

我有個朋友從小就患有小兒麻痺不良於行，但是他活潑開朗，笑口常開。偶爾我和他一起走在街上，我擔心人們的眼光會讓他不自在，沒想到他全不在意；上樓梯的時候，我擔心他不方便，不知道該亦步亦趨跟著他，還是扶他，那曉得他毫不避諱地開自己玩笑。他的開朗自在讓我感覺好像我才是殘障者。

有個媽媽，獨立扶養智障的孩子長大，行有餘力，還學習藝術，在艱難困苦的環境中不忘涵養自己內在的光華，堅持自己的夢想，她是我真正欽佩的成功者。

現代人喜歡以擁有外在物質的多寡來衡量自己或別人的成功，因此不少人把生活當成是手段，把追求當目的，彷彿我們活著就是為了追求，得到的東西愈多就愈成功。事實上，這根本是本末倒置。為了生活，我們的確需要一些東西，但絕不是為擁有這些東西才活著。所以，追求是手段，生活才是目的；把追求看成目的，而忘了該怎麼生活，那可真是白活了！

譬如很多人花很多時間跟精神與別人競爭，爭名逐利的結果，擁有的是很多，但卻活得很焦慮、緊張，時常從噩夢中驚醒，擔心自己好不容易經營出來的局面頃刻之間化為烏有，這樣快樂嗎？成功嗎？

有些人事業成功，生活富足，但是卻失去了健康，或失去了生活的餘裕，除了工作、金錢，眼中全無其他，彷彿患了冷感症，對親情、友情、自然美景、知識、智慧都失去了感受能力，這又能稱為成功嗎？

有個日本知名的大企業家在退休時發表了一篇感言，他對部屬說：「我花了大半生精神在我的工作上，當我專心工作時，我根本忘了家人的存在。我可以在辦公室中耐心傾聽同事的問題、為屬下解決難解的困難，但我卻從未花時間在我的家人身上，忽略了他們的希望、想法以及生活上任何的喜怒哀樂。時間飛快地過去，當我今天要退休了，我忽然發現我和家人之間很陌生，我不知道我太太這幾十年是怎麼過來的？我也不知道我的孩子是如何長成的？一想到這裡，我就覺得很害怕、恐懼，因為我簡直不知今後如何和他們相處下去，我和他們之間已空白了一大段時間了……」

這位企業家坦白向員工說出了自己的悔恨，也希望以自己為鑑，讓員工瞭解工作固然重要，家庭也一樣重要。畢竟人最終還是要回歸家庭，家庭也是他最能安頓身心與得到力量的所在。

所羅門王權傾一世，擁有數不盡的財富與崇高的地位，但在離開這個世界時，圍繞在他身邊的也不過是他的親人，他最希望得到的，也就是親人的祝福。

我一直相信，圓滿的生活應是一種均衡的生活，若某一方面太突出，另一方面就會相對減少。男性常從小就被教育要出人頭地，所以，他花了很多精神和力量在事業上，而忽略了家庭與親情的重要。到頭來，他成功了，但他卻不一定快樂，因為，家庭不溫暖、親情很淡薄，想再回頭彌補，也時不我予。

可嘆的是，現在的女性也被這樣要求著，好像工作上的成功即代表一切，當擁有了知名度、權位、財富時，她就是成功的「女強人」，可以不讓男人專美於前。卻不料這種求勝的心理正是問題的根源，名利絕非萬能，對男人對女人都一樣。

如果一個人能做他所愛的、愛他所做的，家庭和樂、身體健康、心情愉快、樂於付出，我想他絕對可以當之無愧是一個成功者。你說是嗎？

失敗的成功者VS.成功的失敗者

成功和失敗，兩者之間的定義是什麼？有誰能說一個眾所欣羨的成功者永遠是成功的？又有誰敢斷言一個經常受挫的失敗者一直失敗、永不得成功？

有兩個人，一個是天之驕子型的人物，二十歲發行首張唱片，一炮而紅，成為美國家喻戶曉的紅歌星，後來跨足電影界，也拉出票房長紅，不到三十歲即擁有了名利地位。媒體追著他跑，全球影歌迷關注著他的一舉一動。人生至此，好像一切都擁有了，再無遺憾。

另一個則是個天生倒楣的失敗者，不管他工作多努力，運氣始終不好，每逢公司裁員，他總是被通知的一個。就在一次再度被裁員後，妻子向他提出了離婚要求，她說：「你註定是個失敗者，我已陪你度過多少失敗的日子了，這回，我決定離開你，追求自己的成功，請你好自為之。」

真是屋漏偏逢連夜雨，但這個倒楣的人卻未被失業與離婚這雙重打擊給擊垮，他一直在想：我失業了，老婆也棄我而去，我還有什麼呢？

「對啊！我還有專業知識、工作熱誠，最重要的是我還有堅強的意志，憑著這些，事情一定會有轉機的。」

在往另一州去找工作時，人在開車，腦卻沒閒著，他一面肯定自己的才能，一面在想待會兒要如何應徵新工作、如何讓主事者留下好印象……正想得出神，說時遲那時快，一輛大卡車從對面車道衝了過來，撞上他的車——一陣天旋地轉，再度清醒時人已躺在醫院，自頸部以下全身癱瘓了。

這個倒楣鬼被徹底打垮了嗎？

沒有，按理說他應該生不如死、萬念俱灰才對，但不服輸的他又在想：我一下子就失去了工作、婚姻和健康，老天可真是會和我開玩笑，現在我還有什麼？我還能做什麼？是的，他還有一股潛藏的鬥志、靈活的頭腦和專業的知識，他想他還是可以做點事，不致「報廢」！

坐上輪椅後，每天看到許多殘障朋友和他一樣受困於笨重不靈活的輪椅，他突然想到為什麼不能設計出一種型式輕便、控制自如的輪椅以造福廣大殘障人士？絞盡腦汁想啊想，想出了點子，卻苦於不能繪圖，於是，他找來了好友幫忙，以口述方式傳達了他的設計，一次又一次實驗，最後終於畫出了完整的圖稿。

由於他所設計的輪椅的確輕便，在透過管道尋求投資製造的過程中，並未遇到什麼挫折，反而是那些大企業在得知他的處境後，都被他不屈不撓的精神感動，樂於協助他實現理想。於是他成立了公司，也設立了工廠，由於新式輪椅的銷路很好，躺在病床上，他成了一個成功的企業家，也造福了不少人。

反觀前面的那個天之驕子，由於事業太過順遂、無往不利，驕傲自大但內心卻潛藏許多焦慮與壓力。他擔心自己是否能永遠獨占鰲頭？如果下次的演唱失手、票房失利；如果新的偶像迅速飆起、取而代之、歌迷倏忽棄他而去……於是，在自大卻又惶恐，驕傲而又不安的情緒下，他開始喝酒、繼之以嗑藥，藉以麻醉自己或尋求靈感，終於深陷其中無法自拔，結果竟在四十出頭的美好年歲中，永遠告別了這個世界。

兩個人、兩種截然不同的境遇，你能告訴我誰是成功者、誰又是失敗者嗎？而你呢？你又會怎麼抉擇？

接受不能改變的，改變可以改變的

上一個故事裡，「失敗的成功者」之所以最終失敗，是因為空有才華，境遇順遂，卻心懷恐懼、不安；而「成功的失敗者」之所以克服失敗，是因為總是從積極的一面去思考，不去想自己失去了什麼，而想自己還有什麼。

心靈革命要玩的其實就是這樣一個轉換念頭的遊戲，接受不能改變的，改變可以改變的。

像前一個故事裡「成功的失敗者」，他大可以在每次失敗後，玩自怨自艾甚至自憐的遊戲，或者頑強地不接受失敗的事實，用種種偽裝撐起門面；但他不花這種無謂的力氣，他知道這樣不但於事無補，反而會讓自己陷入更難堪的境地，所以他坦然接受不能改變的事實，並思索他能如何改善目前的處境，終於嘗到了成功的滋味。

人很多時候的痛苦、煩惱，主要來自於不能接受自己的外貌、過去、現在，以迄於出身……等不能改變的事實。因為不接受，所以心裡老是有不平，或者覺得自己不夠好，因此，一有人批評，即強力反擊或以自大的言行來掩飾，結果不是人際關係緊張，就是活在虛偽的面具裡，而且必須不停地用更多的謊言來維持虛假的面子，直到負荷不了或被戳破為止。

我認識一些人，身穿名牌服飾、手戴名錶，開名車，出手闊綽，名片上洋洋灑灑一堆頭銜，可是事實上公司業務和財務狀況不好，債台高築；可是他們不肯承認事實，繼續轉動財務槓桿，直到轉不動為止，到時候又何嘗保得住顏面。我常在想：他們到底是在騙別人還是騙自己。

有些人一輩子不滿意自己的外貌，不是嫌太矮就是嫌太胖；要不就是這裡多了一圈，那裡少了一吋；要不就是這裡太高，那裡又太陷進去了，老是在挑自己的缺點。一個不喜歡、不接受自己的人，怎麼可能快樂呢？他又哪裡有能力去接受別人、愛別人呢？

有個真實的故事，說一個男人因為對自己的外貌不滿意，便一直花錢去整形。他尤其對鼻子自卑，便一而再、再而三地去動手術，希望能做出一個像他爸爸一模一樣的鼻子。

隱藏在鼻子整形之下的心理，其實是因為他自小便受到父親極為嚴苛的管教，儘管他再努力，都無法達到父親要求的標準，因此，潛意識裡，這種受挫的自卑便化為對自己的不滿，他多希望能擁有一張俊帥的臉，並配上像爸爸一樣權威的鼻子。

我相信很多人都有同樣的心理困境，並迫切希望改變自己，但擺在眼前的是，有些如個性、能力、缺點、應對……是可以改的，但有些就是不能改變，如家世、智商，直系、旁系血親等，不能說你嫌棄就否定了這些事實的存在。

所以，誠懇地面對自己最重要，那些不能改變的，就坦然接受吧！

承認事實，走出陰影

因為工作，我曾接觸過一個腦性麻痺的朋友，雖然她智力無礙，卻因無法明確表明心意並與他人溝通，所以，從小老被認為是白癡；當她不由自主地流口水、歪脖子、渾身不停地抖動時，別的孩子都嘲笑她，甚至用石頭丟她，向她吐口水。

為此，這個女孩十分消沉，並自怨自艾、怨天尤人，活得很不愉快。

慶幸的是她的父母並未放棄她。他們知道她的心智是正常的，所以，一樣送她上學、讓她受教育。有一天，她開始畫畫，沒想到第一次塗鴉便受到老師的讚美與鼓勵，得到肯定後，她逐漸有了喜悅與信心，於是愈畫愈好，也得到一些獎項、殊榮。漸漸地，她發現自己不再自卑了，也不再以身為殘障者而自憐；在父母及師長的全力支持下，她赴美深造，得到博士學位，還開了幾次成功的個展。

在我訪問她的時候，連寫帶比，她用不連貫的句子告訴我：她最高興的是她接受了自己，發現了自己存在的價值，也因此而發現天地原來這樣寬闊，有許多空間可以供她揮灑。

能接受事實、肯定自己的人是幸福的，因為無須偽裝，不會渾身是刺，刺得自己和別人都鮮血淋漓。「接受事實」這個觀念說起來容易，做起來卻並不那麼容易，往往都是因為「當局者迷」。

我有個朋友是個工作狂，每天都耗在辦公室十幾個小時，雖然他太太和小孩經常抱怨，他卻認為自己這麼拚命全是為了她們好，如果他能賺更多錢、更有名望，那妻子、孩子必然會過得更舒適優渥，並以他為榮。

沒想到有一天回家，卻發現太太已帶著孩子留書出走，她在信中坦承自己已有外遇，要求與他離婚，而且孩子也決定跟她走。我這個朋友簡直嚇呆了，他萬萬沒想到自己的勤於工作、勤於養家會落至如此不堪的下場。為此，他痛苦不已，工作也做不下去了，日日都在思索著報復之道。他認為，太太辜負了他、對不起他，他也不願讓她有好日子過。

先是在離婚協議上百般刁難、羞辱他太太；正式離婚後，他又經常打電話騷擾她，使彼此的關係更加惡劣。然而他的怨恨並沒有因此紓解，內心反而更痛苦，就像有一把火日夜焚燒著他。

直到有一天，他忽然清醒了，想到自己若不能接受離婚的事實，把心中的不平去掉，那麼就永遠無法從憤恨與創傷中走出來，而受害最大的不是他的前妻，反而是他自己。他又想到，正因為自己太投入工作，以致忽略了妻子的需要，也忘了培養親子感情，在心靈隔膜愈來愈大、愈深後，難怪妻子會發生外遇，孩子也不願跟他，難道這場婚變不正是自己一手導演出來的嗎？

想到這裡，他的心靈平靜了，也同時原諒了妻子和孩子。之後，他徹底走出了陰影，重回工作崗位，二年後又找到新的對象，重拾幸福，而且因為記取了前次的教訓，在這次的婚姻中，他脫胎換骨，成為不折不扣的新好男人。

是的，當你接受事實，放棄掙扎，你便能從中得到釋放，恢復心靈的平靜，而這也是你展開另一段新生的開始。

牽牛花只是開到牆的另一邊去了

我自己也曾有過刻骨銘心的經驗，並從中體認到接受不能改變的事實的重要性。

記得媽媽剛過世的那幾年，我始終不能接受她已離我而去的事實，在街上，常下意識地去注意許多中年婦女。我常幻想著，媽媽也許會出現在下一個街角，和我驚喜地相遇……

有一次，真的看到一個婦人，背影好像我的母親，我便一直尾隨，直到看到她的正面，發現不是！我當時好失望。

所謂至痛無文，有好長一段日子，我不敢提筆寫任何有關母親的文字，也不願向任何人提起母親的事。當獲選十大女青年時，明知我最感謝的人是母親，但我站在台上致感謝詞卻言不由衷，自己也不知說了些什麼。事後，許多人都向我反應：陳月卿啊！看你平日很會講話，怎麼在得獎時卻說得不好，你沒準備嗎？

他們哪裡曉得，我是因為言不由衷才講得不關痛癢，我之所以不敢提最親愛的母親，是怕一提起她老人家，眼淚便會一發不可收拾地奔流而下，造成尷尬場面。由於我深陷其中，不可自拔，有個基督徒的朋友便捎了張有著聖經章句的小卡片給我，上面寫著：「牽牛花並沒有死亡，它只是開到牆的另一邊去了……」當下，我突然清醒了，也接受了母親去世的事實，也許她並未真正的死亡，她只是活在另一個世界中。

於是，我不再動不動就痛哭，我甚至可以理智地想：難道活得像槁木死灰就代表深深的思念嗎？母親在另一個世界中難道不希望她所愛的女兒快快樂樂的？我到底該怎麼做才算報答母親？真正的感謝又是什麼？

當想通了這一切，我的工作與生活才一掃陰鬱，變得積極開朗健康起來。

所以，開發心靈力量，「接受不能改變的事實、改變可以改變的事實」是非常重要的步驟。

玩一個換念頭的遊戲

如果你是個消極悲觀的人，如何改變自己？使自己變得積極樂觀？

首先假設心中有一張白紙，一面是正面，一面是負面；正面代表積極樂觀，負面代表消極悲觀。碰到事情時，如果腦海中浮現的念頭是：不要！不好！不可能！都是「NO」，那麼，我就來玩翻紙的遊戲，告訴自己換一個念頭！把「NO」變成「YES」，好！我可以做！我願意試試！你要隨時隨地檢查自己的念頭，一有不對的念頭，立刻換一個好的積極念頭，持之以恆；不斷的提醒自己、不斷地反覆練習，漸漸地，你會發現正面的紙出現的次數愈來愈多。

「為什麼公司裡『擦屁股』的事總輪到我做，我為什麼這麼倒楣？」一念之間，你也可以換個想法，變成「你看我是多有耐心的人，別人做不好的事，我一做就OK」。或是「老闆一定很賞識我，知道我有能力處理這麼棘手的問題，否則，他為什麼不派別人做這件事」。

同樣的事情，可以有不同的解釋。每次檢視自己的念頭時，如果發現浮上來的念頭不夠積極樂觀，那就拋開，接著再想積極樂觀應該怎麼做？想好了，立刻換一個念頭。

於是，老婆喋喋不休、嘮叨不已，你可以想成：其實老婆也是為我好，她之所以這麼愛唸，完全是因為愛我。孩子吵鬧不休，讓你頭痛欲裂，你也可以想成：其實健康活潑的孩子才會好動吵鬧，這樣也挺熱鬧的嘛！或者乾脆帶著他們玩，也可增進親子感情。

常常玩換念頭的遊戲，久而久之，消極的念頭自然消失的無影無蹤，彷彿受到制約，到後來不由自主，任何想法都變成正面的，即使偶爾夾雜了一個負面的念頭，你也會立刻摒棄它。

我從大學四年級開始，就經常玩換念頭的遊戲，起先難免故態復萌，深感挫折，久了竟成習慣，不僅煩惱減少，也不再鑽牛角尖，更不會使自己陷溺於某個情境中不可自拔。

前些時候看到一則新聞，說一個十四歲的男孩因為弄壞了別人的電玩，害得爸爸賠錢，因而羞愧地上吊自殺，其實他只要換一個念頭就好了，「爸爸好愛我，為了我賠這麼多錢，我一定要好好用功讀書，不要對不起他！」「我下次不要再玩電玩了，這真是一種浪費時間和金錢的遊戲。」

真的！退一步海闊天空，當看事情的角度轉一下時，峰迴路轉，可能又是另一種完全不同的風景。

其實思考的方式有兩種，一是水平思考，一是垂直思考。一般人常做垂直思考：凡事愈想愈深，在一個原點一直往下深掘，到最後往往陷入死胡同、跳不出來。如果能改以水平思考，在一個平面上，換一個方向、跳一個角度，結果是「行至水窮處，坐看雲起時」，視界完全不同，心境也會豁然開朗。

我很喜歡朋友說的一句話：「路走到盡頭，不是沒有路了，而是該轉彎了。」

第六章

添加心靈的燃料

倒掉心中的垃圾後，我們還必須補充什麼燃料作為加強心能的原動力呢？

自信，是我認為最應積極補充的燃料之一。

珍惜每次小小的成功

自信不是自大、自滿、自誇，自信是瞭解自己的價值，知道自己能力的極限。

許多人常低估自己的價值，覺得自己不行，所以，在外表上便武裝自己，過得非常辛苦；又由於內心經常不安、恐懼，當別人批評他一下，他就感覺受到傷害，然後開始反擊，漸漸地，人際關係也變壞了。

但一個自信的人卻截然不同。他肯定自己的價值，所以，不愛與人比較；他知道自己有能力極限、有優點也有缺點，所以，當別人攻擊他的缺點時，可以心平氣和接受；他也看得出別人的缺點，但抱持著同理心，他絕不會攻擊、訕笑，而是友善包容，他的人際關係自然愈來愈好。

因此，心靈革命首重內心的自在滿足，也就是要有自信。

如何培養自信呢？一個有自信的人，通常是因為不斷有成功的經驗，受到一次次鼓勵，才堆疊出他的信心。

所以，假如你是一個缺乏自信的人，我建議你不妨現在就開始建立自己小小的成功哲學，讓一次又一次小小的成功，累積出你的喜悅、信心。就像走階梯一樣，最後步向自信的人生。

而所謂小小的成功哲學，其實就是把大目標分為小目標。就像上樓一樣，一下子要從一樓跨到二樓很難，但是一次走一個階梯，就容易多了。拿減肥來說吧！你下定目標一次要減十公斤，這當然不容易；但你若把目標定小一點，一個月只減一公斤，就很容易做到。達到目標的快樂和成就感，會激勵你繼續努力，然後接下來的九個月，每個月都減一公斤，最後你真的成功的減了十公斤，達成大自標。

再拿看書來說，一星期讀完一本書，對許多忙碌的人來說，是很難做到的；但若每天只讀一個單元、章節，輕鬆就可以讀完一本書。有很多愛書的人，每天只不過固定撥出半小時或一小時的時間來看書，長期累積下來，就讀了很多書。

所以，成功有大有小，把目標定得又遠又大，想要一蹴可及是不容易的；但目標設定小一點，往往就比較容易達成，當生活中營造了許多小小的成功，便能鼓舞你的信心，讓你繼續向前邁進。

現在許多年輕人好高騖遠，覺得遠方的成功才是成功，往往輕忽了身邊小小成功的重要。其實，真正擊垮我們的往往不是突如其來的一個大失敗，而是生命中一次又一次小小的挫折；而鼓勵我們前進的，也正是這一次次小小的成功所帶來的喜悅與信心。

所以，我珍惜每次小小的成功，每前進一步，我都很高興，因為我知道我離最後的目標又近了一些。

就拿我演講的經驗來說吧！由於是公眾人物，擁有一些知名度，所以常有來自四方的演講邀約。

起先我很害怕，不敢開始，唯恐自己會在台上出糗或表達得不好讓聽眾失望；但是，我又很想把自己的一些經驗、想法跟大家分享，我也認為在大眾前面演講是一種自我挑戰，可以培養自己的信心。

於是，我開始勇敢接受邀約，而在每次演講之前，必定花許多功夫去準備。漸漸地，我發現我的演講效果愈來愈好，在台上不但能侃侃而談還語帶幽默；下了台，聽眾、觀眾也成了我心靈契合的朋友，也許相隔很久之後，在路上見到還會親切地和我打招呼。一次又一次小小的成功經驗，讓我愈來愈享受演講。

一方面是因為在演講時，可以把生命體驗透過有趣、有系統的方式告訴別人、幫助別人，就好像在散播觀念的種子；同時藉著每次的準備，可以讓我對很多事情有更透徹的思考與瞭解。

當然，我的自信也因為演講而得到鼓舞。

的確，人生的挫折何其多，但只要你懂得規劃，知道如何鼓舞自己，你可以讓成功的經驗，比挫折的次數多很多。

我們都是天生贏家

增進自信的方法很多，我還要提一個「天生贏家」的觀念。

其實每個人一出生就註定已是贏家，為什麼？稍有常識的人都知道，人是由精卵結合發育而成的，但在精卵結合之前，這個跑得最快、最優秀的精子已打敗了成千上億個競爭者，才得以和子宮內的卵子結合，孕育出生命。所以，你要有這種自信，你在生命的源頭已是個優勝者，是最好、最強的Super Man。

瞭解這一點後，再來看看我們身體精妙的結構。拿人體的肝臟來說，它可以進行五千多種化學作用，如果人類要蓋一座跟肝具有同樣功能的化學工廠，它起碼要占地幾百公頃，裝設最昂貴、先進的設備、儀器；即使如此，還有廢水的問題無法解決。肝如此神奇，其他的器官也是如此。

所以，人實在應該充滿感恩的心，因為你自己就是一個無價之寶，擁有許多、花再多錢與技術都無法製造出來的精密構造。因此，你何必自貶身價，稍遇挫折就把自己看得一文不值，或者糟蹋自己，去換取一些毫無價值的身外之物。

瞭解自己是天生贏家，有一個好處，那就是你不必再和別人比輸贏，這樣就能減少挫折，不浪費心能在無謂的比較上，專心致志發揮自己的特質，創造自己的成功。知道自己是無價之寶，就不會隨意看輕自己，而懂得自尊自重。

自信、自尊而不自滿、自傲，是內心平靜、自在的第一步；內心平靜自在，心能自然源源而出，潛力得以發揮，故無往而不利。早在幾千年前希臘的智者蘇格拉底就說過：「一個人能否有成就，只看他是否具備自尊心與自信心兩個條件。」有自信心的人，可以化渺小為偉大，化平庸為神奇；而缺乏自信的人，無論有多高的才華，受過多麼好的教育，都不容易有驚人的成就。

所以從今天起，拋棄失敗的念頭，重新體認自己的價值，告訴自己：「你天生是個贏家」，看看生命會有什麼變化。

一點點哲學

除了「珍惜小小的成功」之外，我還有個「一點點哲學」。

凡事不求大、不求多，每天都做一點點；這一點點累積下來，積沙成塔、集腋成裘，最後就是很大的效果。

譬如我每天都讀一點書，讓自己做一點思考，進步一點點，以充實內在。我每天都花一點時間關心我的家人、朋友，有付出、有獲得，使心靈得到感情的滋潤，增加心的力量。

我每天都照顧自己的容顏，早晚各花少少的十分鐘做清潔保養，而效果卻比一星期花一小時還來得好。我注意自己的穿著，每天出門花三十分鐘，把自己打理得乾乾淨淨、得體大方，自己感覺神清氣爽，別人也覺得我春風滿面，看起來舒服。

我重視自己的健康，每天都吃均衡的食物、做一點點運動，這就是我從不節食卻不發胖的原因。每天早晚各做二十分鐘運動的習慣，讓我苗條健康、關節靈活、體力充沛。

我每天更不忘做一點點社會服務，這不只是因為我有能力，更是因為在幫助別人的過程中所感受到的快樂，帶給我心靈無比的動力。

所以，從自己的內在到外在，從家人到朋友，從家庭到社會，每一天都做一點，生活就很充實圓滿了。事實上，那花不了你多少時間，而當習慣成自然後，做起來就更順手了。也許有人會說每天什麼事都只做一點點，東一點西一點，備多力分，還不如每天只做一件事，把它做得徹底一點。

我以前也這麼想，後來發現這樣往往更費力而效果又不好。

拿保養皮膚來說，我過去每半個月要花兩三個小時在美容院裡清潔、做臉，平常就放任不管，結果皮膚老出問題，我怪美容院技術不好，美容院小姐委屈地說，如果你每天都不把臉徹底洗乾淨，擦一點適當的保養品，積了一兩個星期再來這裡清潔保養，我做起來既費力、效果也不會好。

再說運動，很多人嫌忙，每天都抽不出時間運動，到了星期天再狠狠地運動個夠。可是很多研究證實，這樣的運動方式對身體健康不但沒有幫助，反而造成傷害，還不如每天固定運動個二、三十分鐘。

而家人親友如果要等有空了再聚，那不知多久才能相聚一次，還不如常常打電話聊聊天，關心一下近況，心靈距離會更拉近。

再如一些重要的計劃方案，如果老要等到有一段長時間再專心來做，往往會拖到最後才急急忙忙地趕，還不如每天有時間就思考一下，做一點，會更有效率，效果也更好。

每天都做一點點，效果實在驚人。莊淑旂博士教我每天起床前先做個乾洗臉，說可以減少皺紋和老人斑，長期下來，效果真的不錯。

我本來有點近視，需要戴隱形眼鏡。後來出現老花徵兆，戴上隱形眼鏡遠的、近的都看不清楚。正好我學了一個眼睛操，每天早上做完乾洗臉再花兩分鐘做眼睛操，不到一個月就發現視力漸漸改善，到現在天天做，既不用戴近視眼鏡，也用不著老花眼鏡，遠近自如，好不開心。

也有人會說：「哪有那麼多時間，每天什麼事都做一點，等我有時間再好好做吧！」「等我如何如何，我一定會做！」可是，生活是每一天的累積，生命就是每一天的生活，每過一天就少一天，所以，「以後再做」、「將來再做」都是錯誤的念頭，唯有把每一天都過得充實、過得均衡，才是正確的做法。

同時，如果你每件事都能持之以恆，每天都做一點點，你就會發現，原來你可以控制生活，而不是被生活控制，你對自己的信心也會更堅定一點。

你要不要也試試這個一點點哲學。

積極樂觀，改變人生

擁有自信之後，第二個要裝進腦袋裡的就是，積極樂觀的念頭。

所謂的積極樂觀，其實是一種信念，不論發生什麼事，你都要想：「那對我是好的！是有利的！」這麼一來，即使身處逆境，你也不會自怨自艾，不悔恨、不會覺得受到傷害、挫折；反而會因為想法的改變，從逆境中尋找機會，謀求改善，結果使逆境變為順境，危機也變成了轉機。

我自己就深深嚐到這種好處。

置身與時間賽跑的新聞工作中，壓力與挫折可以說是無日無之，如果沒有積極樂觀的信念支撐，日子可就難過了。而每次一旦有不順利的事發生，我第一個反應就是肯定這個狀況對我有好處，一這麼想之後，負面情緒立刻轉變為正面情緒；我不會再去注意跌一跤的疼痛，以及是誰害我，還是我自己不小心跌的跤，我只會想，上天這麼安排必有用意，祂是在考驗我？還是要教我學會新的功課？

是我的能力不夠？還是我的思考不夠細密？或者，是我沒站在別人的立場或利益上考慮這件事？接下來我該怎麼做才能真正學到東西、得到教訓？

仔細反省之後，會讓自己再出發的步子邁得更穩。若是能力不夠，再充實就是了；若是思考不夠周延，再補強一些；若是對大眾有利的事，即使不利少數人，我也會權衡輕重選擇前者，只是用心處理的更圓融些。

如果事情既多又煩，我就想：高興也得做，不高興也得做，那何不高高興興地做？怨東怨西除了徒然耗費心能，使心情更煩之外，能有什麼好處？這麼一想，立刻豁然開朗。

不過，也有人說：「凡事還是謹慎保守些好，太積極樂觀了，容易虛浮也容易失敗。」

我覺得這是把積極樂觀和冒險躁進弄混了。我雖然鼓勵自己積極樂觀，卻不贊同冒險躁進。譬如做生意，本來就要擔風險，如果你能仔細評估這樁買賣的得失利害，看到成功的機會，也知道自己要付出什麼代價，那麼，你的行動才叫積極樂觀；積極樂觀可不是漠視失敗或膽大妄為，這要分清楚。

又如投資股票，你覺得它會利多長紅，或看好某一家股票會大漲，而把所有老本都孤注一擲押下去，萬一股市崩盤或你看走眼，怎麼辦？就好像有的學生參加考試，他只準備自己覺得是重點的部分，而相信其他的都不重要，老師一定不會考，結果很可能事與願違，考個滿江紅。自以為是的積極樂觀反倒成了自欺欺人、全盤皆輸。

所以說，積極樂觀並不是只看好的一面，而是在考慮周全之後知道有成功的機會，也願承擔風險，並付出全力去獲致成功。

也有人反唇相譏，說：「只有你們這些養尊處優、吃飽喝足的人，才會唱這種高調，要是你跟我一樣，我看你還積極樂觀得起來嗎？」這位向我吐嘈的仁兄，每月只賺二萬五，職位是辦事員。白天在辦公室，盡做些別人都不愛做推給他做的事，晚上回家還要聽老婆抱怨錢不夠用，加上小孩頑皮、哭鬧不休，從早到晚煩得要死。他說，在這樣的情況下怎麼樂觀得起來？

也許他的處境正是許多人都經過的階段，不但錢少事多，家中黃臉婆也不給好臉色看，肩上負擔又重，好像生活中已沒有任何快樂的事。

但是，日子每天過，滿肚子抱怨或積極樂觀都過一天，過出來的品質卻是兩回事。與其成天不滿、憤世嫉俗，不如換上開朗坦然的心情面對，說不定事情因此有了轉機，而自己也賺到了快樂。

這其間的峰迴路轉，可能是老闆發現你勤奮的優點而加了你的薪、升了你的官；別的公司主管到你們公司來洽公，因為你禮貌盡職的表現而想挖角……，別只說這是運氣，事實上，就是因為積極樂觀改變了你的想法與做事的態度，誠於中，形於外，連帶影響到你工作上的成績，這才招致了工作上柳暗花明的轉機。

至於家中的局面，也會因為積極樂觀而大大改善。首先，你心情好自然擺出笑臉，看到老婆多讚美兩句、幫她做點家事；孩子哭鬧，耐心地哄哄、或想點子陪他們玩！即使不花一毛錢，也能搞好家中的氣氛，讓大大小小都開心。

可見，並非過得順意的人才需要積極樂觀，不如意的人更需要積極樂觀幫著度過難關，迎向希望！

我這種說法絕不是阿Q心理，明明是吃鹹菜舖，卻硬要把它當成燕窩魚翅。我強調的是，明知自己處在困境，卻能在困境中怡然自得，保持一顆快樂的心、希望的心，同時也願意付出努力去改善生活，這種積極樂觀才是真的積極樂觀，又豈是阿Q式的因循苟且所能及？

生命中有烏雲、有陽光，在烏雲蔽日的時候，積極樂觀的人會怎麼想？他會想：烏雲之後就是陽光，我只要有耐心，一定會見到陽光；或者，我願意努力，讓烏雲很快的散去；或者，我絕不會讓烏雲影響我的心情，陰天下雨又如何？我的心裡一樣充滿了陽光！

一年三百六十五天，不一定只有高官富人才有權利過得好；無論你是誰、處在如何惡劣的環境裡，只要調適自己，讓自己身心安適，這就是最好的生活方式。

紅玻璃與藍玻璃

關於積極樂觀，一個十幾歲男孩的故事也給我不少啟示。

這個男孩正值尷尬的青春期，說大不大，說小不小。有一天，他的媽媽不幸摔斷了腿，裹著層層石膏紗布躺在床上。這男孩很想安慰媽媽，就走進房去問媽媽，他可以做些什麼事，好讓媽媽感覺舒服一點。

媽媽立刻說：「我的睡衣沾滿了藥膏，黏答答的，穿起來很不舒服，我真想換件乾淨的新睡衣，我想那會讓我的心情和身體都感覺舒服多了，你能不能到百貨公司幫我買件漂亮的紗質睡衣？」這男孩聽了，立刻面有難色，可是他又不想讓母親失望，躊躇了許久，他終於說：「媽媽，別的事我可以幫忙，只有這件事我實在沒辦法幫忙，對不起！」

媽媽聽了，臉上露出失望的神色，她輕嘆了口氣說：「沒關係，那就算了。」

男孩退回客廳，心裡難過極了，他實在想讓媽媽開心一點，可是一想到「到百貨公司睡衣部買紗質睡衣？」他就猛搖頭，心想「那怎麼行，萬一被同學瞧見了，豈不丟臉死了，這件糗事一定會很快傳遍全校，我就不要混了。」可是轉念想到，媽媽那麼不舒服，只有這麼一個願望，他都不能幫她實現，以後還能大言不慚的說愛媽媽嗎？

兩種思維在他心裡交戰，他一面看著外面的景色，一面胡思亂想。

忽然他發現透過客廳窗戶的鑲嵌玻璃，可以看到不同的景色；從紅玻璃看出去，花園染上一層亮麗的紅，而從藍玻璃看出去，外面就是一片陰鬱的藍。

他於是想到，幫媽媽買睡衣這件事原本並沒有特殊的色彩，是思考的角度不同使它有了不同的價值觀。如果他認為這是件丟臉的事，就好像透過藍玻璃看世界，他就會愈想愈裹足不前；如果他覺得這是件該做的事，就好像透過紅玻璃看世界，他就會充滿勇氣。他想既然如此，我為什麼一定要透過藍玻璃來看這件事呢？我難道不能選擇紅玻璃嗎？

於是他鼓起勇氣，一口氣跑到百貨公司，就在這時，藍玻璃又浮現了，想到可能出現的尷尬場面，他幾乎轉身逃走。幾經掙扎，終於再度選擇了用紅玻璃看世界，於是躲躲閃閃地進了睡衣部，正想開口幫媽媽買睡衣，忽然看到同學的媽媽走過來，嚇得他立刻躲起來，直到同學的媽媽買完走了，他才鼓起勇氣紅著臉，要求店員選一件黑紗的漂亮睡衣給媽媽。

當媽媽看到睡衣的時候，高興地歡呼了一聲，立刻換上了新睡衣。

看到媽媽高興的樣子，這男孩很慶幸他選擇了用紅玻璃來看這件事。

而我在碰到類似進退兩難的處境的時候，就會想到這個故事，然後問自己，你到底要選擇透過紅玻璃還是藍玻璃來看這個世界。

我選擇了紅玻璃。你呢？

白紙與黑點

白紙與黑點的遊戲，也是增進積極樂觀的好方法之一，用在人際關係上效果尤其好。

人往往習慣「嚴以待人，寬以待己」，容易看到自己的優點，卻不易看到別人的優點；容易看到別人的缺點，卻對自己的缺點視而不見，這形成了自己總是好人，別人常是壞人的錯覺。

有個太太就經常覺得自己對家庭付出很多，先生卻對她和家庭都漠不關心，越想越不甘心，她有了離婚的念頭，於是跟婚姻諮商專家約了一個時間面談。

面談一開始，她劈頭就說：「我要跟我先生離婚，因為他一點都不關心我和這個家……」

她滔滔不絕地訴說著先生的錯處：他一點都不重視我，我燙了新髮型他根本沒發現，更別說讚美我了；他經常不回家吃晚飯，更別提幫我做家事或幫忙照顧孩子……

婚姻專家溫和地打斷她，並且拿出一張白紙，畫了一個圓圈，然後說：「在這個圓圈裡面，你想到你先生一個缺點，就點一個黑點。」

這太太覺得這招太好了，她立刻拿起筆興奮地點著：他從不按時回家吃晚飯；他從不幫我照顧孩子；他總是忘記我們的結婚紀念日……

點呀點，這位太太點得手都痠了，終於點完了，她把這張滿是黑點的紙交還給婚姻諮商專家。

專家拿起這張紙，說：「現在看看這張紙，請問妳看到什麼？」

她毫不遲疑地說：「黑點哪！每一個黑點代表我先生一個缺點，我要離婚。」

婚姻專家溫和地說：「你再看看，然後告訴我你看到了什麼？」

這位太太想：「難道說黑點不對嗎？」她再仔細看了五分鐘，還是看不出除了黑點之外還有什麼。

於是她說：「還是黑點哪！每一個黑點代表我先生一個缺點，我要跟他離婚。」

婚姻專家笑了一笑，溫和但堅定地說：「再看看，然後告訴我你看到了什麼。」

這位太太滿心疑惑，她心想：「我連答兩次黑點都不對，難道除了黑點之外，還有別的嗎？」

這回她好好地端詳了二十分鐘，然後她說：「除了黑點之外，我好像還看到不少空白的地方……對了，其實我先生他也不是真的那麼壞啦！他經常不按時回家吃晚飯，有時候也是因為工作太忙，需要加班；他雖然不常讚美我，可是在街上也不亂看別的女人；他不常幫我照顧孩子，可是賺的錢分文不少都拿回家……」

說著說著，這位太太氣消了，換上柔和的表情，她不好意思地說她不要離婚了，她要趕緊回家煮飯，因為她先生下班的時間快到了。

故事中的婚姻諮商專家顯然是個高手，她以不著痕跡的遊戲方法點醒了這位想離婚的太太，要她自己發現先生其實還不錯，自己的婚姻也沒那麼糟；而那位太太也是聰明人，勇於發現事實，並懸崖勒馬。

由這個故事可知，人除了黑點（缺點），還有白紙（優點），我們與別人相處時，若都能少看黑點、多看白紙，那麼人際關係一定會改善，自己也會快樂得多！

第七章

用心體會，生活禪

禪可以說是一種生活態度，一種思維與觀念的轉化，
一種圓融的智慧，
它幫助我真實自在地活在這一刻，
妄念和煩惱都少了很多。

心是一切的源頭

還記得《祕密》這本書嗎？書中說有一個傳了幾千年的祕密，能改變人的命運。

我花了不少時間，終於也稍稍體悟了這個祕密，那就是：「心是一切的源頭」，也就是「萬法唯心造」——原來，我們所經歷的一切都是我們的心召喚來的。

所以要改變自己的境遇，不是要改造環境、改變別人、而是要降伏自己的心，讓自己的念頭始終保持正念，而這正是禪修的目的。

過去我覺得念頭有什麼殺傷力，它只存在我的心裡，又沒化為行動；他人看不到、摸不著、也不會受到傷害，所以我要是不爽誰，就在心裡咒罵他，既可以洩心頭之氣，又不會有副作用，何樂不為。

後來我才明白念頭也是有力量的。念頭其實是一種能量，負面念頭帶著負面能量，會耗掉你很多正能量，讓你身心俱疲；所以很多人每天沒做多少事，卻總是身心疲憊到不行。不相信？你試試看：當你做事情心不甘情不願的時候，事情不僅做不好，心也特別煩、特別累；當你滿懷興趣或熱情做事情的時候，不僅時間過得特別快，心情愉快、績效也特別好。

其次，念頭會引發情緒。醫學研究發現：很多不明原因的慢性疲勞、疼痛、心悸、失眠，已經被證實跟壓力、焦慮、憤怒、恐懼、哀傷這些情緒有關。時髦的激躁性腸胃症候群，更是典型的情緒症候群；即使是感染性的疾病，也可能跟情緒和壓力有關，因為壓力會干擾免疫系統，造成免疫力下降，增加感染生病的機率。雖然致癌的機轉到現在還未完全明瞭，但癌症的發生與惡化跟免疫力下降也有密切關係，研究就發現許多癌症病人的T型淋巴球數目明顯地減少。

相反地，一個正面的念頭可以產生好的情緒，像愛、感激、滿足等都可以促進分泌更多好的激素和神經傳遞素；去除體內壓抑的化學成分，調節自律神經系統以及腦部主管情緒和社會行為區域的活動，協助釋放壓力，增加細胞含氧量，提升免疫力，減少疾病的發生，或縮短身體的自癒時間。

其次，同樣波長的能量會互相吸引，所以負面念頭會召來更多負面能量，讓你波折接二連三，難怪大家常常感覺「倒楣的時候總是禍不單行」；而正面的念頭會召喚更多好的能量，讓你身心舒暢，頭腦清明，有助於掌握機會，做出正確抉擇。

自從發現這個祕密後，我終於知道為什麼聖嚴法師告誡我們：要時時察覺自己的念頭、觀照自己的起心動念；因為起心動念不僅會影響自己的健康，也會影響自己的命運。我也終於瞭解為什麼「慈悲沒有敵人」，因為用慈悲取代敵意，其實受益最大的是自己；同時，因為有這樣的智慧並且能在生活中實踐，所以「智慧不起煩惱」。

這也是為什麼我跟隨聖嚴法師打禪後，會慢慢從身心俱疲走向健康幸福的原因。

這個方法很好哦！你要不要試試看？噓！不要告訴別人，這是你我之間的「祕密」。

微笑法和呼吸法

人都難免有情緒，當情緒低潮來襲，如果不想陷溺其中，有兩個方法我試過覺得相當有用，那就是——微笑法及呼吸法。

不知你有沒有發現，當你生氣或難過時，嘴角往下，臉上所有的線條幾乎都往下垂，看起來一下子老了好幾歲；但是，當你開心或微笑時，嘴角往上揚，你會發現整個面部的肌肉和線條都柔和了，心情也自然輕快起來。

所以，當我一發現自己的情緒不好、壓力很大，內心彷彿布滿烏雲時，我就會取出皮包中的鏡子或去洗手間照大鏡子，同時試著拉開嘴角假笑，笑笑笑，笑久了之後自然變成真笑，我也開心了起來。

好友常打趣我：「陳月卿啊！我們最喜歡看你化妝了，因為你一化妝就會笑，笑起來好美，讓我們不由得也跟著高興起來。」

為什麼我一化妝就會笑？

原來化妝要照鏡子，人不喜歡映在鏡中的自己不美，所以，就會對著鏡中的自己笑，那種不由自主的微笑不是顧影自憐，而是打心底發出的期待，希望自己更美麗、更煥發。

沒想到我無心的動作竟引起了朋友的注意，可見笑容多具有感染力了。

有家服務性的公司就用鏡子這個祕密武器，創造了不錯的業績。

這家公司僱了很多女職員坐櫃檯，並兼做顧客查詢的電話服務。但是，不管是接電話也好、直接面對顧客也好，這些小姐常因口氣不好、面似晚娘而得罪客戶，使得管理階層十分頭疼。

為了改善這種情形，他們請來管理顧問做診斷，沒想到處方很簡單，就是在每個櫃檯裡裝面鏡子，讓櫃檯小姐只要一抬頭就可以看到鏡中的自己。

公司的管理階層很納悶、遲疑，這一招有效嗎？沒想到不久之後，不但很少再聽到客戶抱怨的聲音，公司業績也成長了不少。

原來這些櫃檯小姐在照鏡子的時候，看到自己一副臭臉也覺得不美；因此，不自覺地就會露出笑臉，尤其當顧客直接上門時，先對鏡子笑一笑，再抬頭接待。

這時，她的臉是親切美麗的，使顧客可以立刻感覺到她態度的友善。而且，當面帶微笑時，聲音語氣也會變得輕快柔和，這使得電話線上的氣氛也變得非常融洽；無論接受申訴還是洽談訂貨，都很容易解決問題或談成交易。

我以前有個同事就深諳此道，她在配影片旁白的時候，常面帶微笑，聲音因此特別柔和動聽。

笑能使緊張的肌肉鬆弛，壓力荷爾蒙的產生也會減少。笑還能降低血壓，增加血液的攜氧量。從而降低心臟病的風險。

笑的時候，人身上有四百塊肌肉會產生運動，所以笑還能減肥。有研究人員估計，笑上一百次相當於在划船機上有氧訓練十分鐘，在運動自行車上有氧訓練一刻鐘。

怕自己變老、變醜、變肥嗎？時時保持微笑，經常開懷大笑吧！

至於另一種緩和情緒的呼吸法，做起來也很簡單。

當你覺得快要生氣，鼻息加重、加快，心中似有怒火燃燒時；請立刻深呼吸，讓呼吸變得又長又慢，這時你會發現，情緒也慢慢平復下來了。

剛開始嘗試時，也許很勉強，因為你就像一座即將噴出熔岩的火山，要讓燃燒的熔岩降溫、平息何其困難，但是，勉力做幾回，習慣就成自然了。

醫學研究發現，生氣是很不好的，當一個人被激怒或怒不可遏時，他的腎上腺素便會加強分泌，這會增加他的爆發力，但也會對身體造成傷害，因此，易怒的人容易罹患心臟血管方面的疾病，像腦溢血、中風都是，不可不注意。

要抑制怒氣，呼吸是一個有效的調節閥。因為，人的呼吸和思維有關，當呼吸放緩時，心也會平靜下來，自然，也就不再氣憤了。

像瑜伽就是提倡用腹式呼吸法，以深、沉、長、緩的呼吸使氣直入丹田，這樣不但可以調整情緒，亦可改善健康，為身體充氣，減少循環障礙。

打坐，也是在調整呼吸。尤其，把心靜下來，靜靜體會微涼的空氣由鼻孔緩緩通過鼻腔、進入氣管；緩慢深長微細的呼吸進入體內，彷彿為全身細胞注入能量，身心無比舒暢，嘴角不自覺出現弧形，有時甚至感覺與萬物融在一起，沒有分別，那種感覺很難用言語形容。

難怪聖嚴法師會說：「只要還在呼吸就是幸福」。

學會正確呼吸，真的很幸福。

心想果然事成

我們常祝福別人：心想事成，很多時候「心想」真的可以「事成」。

我自己有個經驗，每次演講前，如果我能默想一遍我的題綱，重要的論點及轉接的詞語；那天的演講就會特別順暢，靈感也會源源不絕，隨時信手拈來。可是如果缺了這道默想的手續，效果就會差一些。

主持節目或訪問來賓時也一樣，如果能事先收集資料，並在腦海裡做一番沙盤推演、模擬問答的情況，節目進行起來或訪問起來也會特別流暢，感覺得心應手。

很多運動選手也談到類似的經驗。他們說如果比賽前在心裡默想動作的要領並模擬幾遍，比賽成績也會特別好。這顯示人腦有種神祕的功能，能透過想像融合過去的經驗、發揮最好的效果。

過去也有很多類似的佳話，譬如日間百思不得其解的問題，忽然在睡夢中或洗澡時得著了靈感，想出了答案。

聽說大導演史蒂芬史匹柏特別懂得利用這招。他常常在臨睡前把白天解決不了的問題在腦海裡默想幾遍，然後在床邊放妥紙筆，就去見周公了，往往半夜都會有好點子把他驚醒。而他許多電影的情節據說也都跟他的夢境有關。

同樣地，如果在心裡不斷地想：我一定過不了關；這事一定不會成；我一定考不上；他們大概不會用我；試了也是白試，沒有用的……這種念頭也會發揮影響力，結果，果然正如你所想的。

如果說體能需要每天鍛鍊，那麼，人腦也必須天天鍛鍊吧！不斷重溫成功、歡樂的經驗，可以使你每天都充滿信心與勇氣，這樣，成功當然比較容易獲致。

擁有太多也是負擔

現代人都忙，主要是忙著追求，尤其是看得見的物質，譬如想擁有一輛好車、一棟華宅、一支最炫的手機……只要別人有的，自己也想有，於是，在盡全力追求並擁有之後，快樂也隨之而來。

然而，這種快樂卻是短暫的，在擁有的那一剎那或之後一段時間也許很滿足，因為你已期待很久；但快樂是會褪色的，不久之後，當新的物慾產生時，你又不快樂了，並墜入無窮無盡的追求輪迴中。

何況，擁有就代表真的快樂嗎？

我有個朋友在夢想了好久之後，終於買了一輛新車，為了怕新車被偷走，他還特別在車上裝了防盜系統。此後，只要屋外一有聲響，他就會立刻衝出去看車怎麼了，就算車子沒事，他也睡不著，只擔心萬一防盜鈴響他會聽不到，這種擔心失去的驚恐，使他成了新車的「奴隸」。

另外還有一個朋友，她很喜歡買鑽石珠寶，把努力賺來的錢都換成了亮晃晃的首飾。但是，擁有是很高興，放在家裡卻怕遭小偷，戴出去又怕被搶，於是，為了安全，她只好把這些價值不菲的珠寶鑽石全寄放在銀行的保險箱中；後來又因拿進拿出很麻煩，所以，乾脆就不去動它們了。

有一回在一個正式的酒會中碰到她，見她十分「樸素」，我便好奇地問：「你那些漂亮的首飾呢？怎麼不戴？」

「全給保險箱戴啦！」她直言不諱地幽了自己一默。

可見「擁有」本身也是一種負擔。

我個人對昂貴的收藏沒什麼癖好，但因為去過許多國家，每到一處總免不了想買點物美價廉的藝品，或具有民族風味的紀念品回家，以便在豐富記憶之餘也有些實質的東西可賞玩。

雖然不是什麼大肆採購，但漸漸地，我發現這些紀念品逐年累積下來，也占據了我生活空間的一大部分，而且個把星期沒去清理它們，就積滿了灰塵，於是乎，難得的閒暇就全貢獻給它們了。

雖然它們個個都有紀念價值，也珍藏了我許多難忘的回憶，但是，太多了，也成了另一種負擔。於是，在前幾年搬家時，我對它們徹底作了一番檢視，該送的送，該丟的丟，只留下一小部分繼續充當我新家的裝飾品。

若你問我還買不買，真的是少買了。除了一看再看，實在非常令我心動的東西我才採取行動，另外百分之九十的東西，我多半只是睜大了眼睛，把它的樣子深深「攝」入我心裡的照相機，做個純欣賞的過客罷了！而當這種「環保」的做法行之有年後，我發現不僅家中常保簡單整潔，連我的心都清爽俐落多了。

所以，是否擁有愈多也就愈快樂？花那麼多力氣去追求有形的物質是否值得？這都是發人深省的好問題。

追求無形的快樂

除了有形的物質之外，其實還有許多無形的東西能讓我們快樂，值得追求。譬如說來自大自然的感動、來自親情的撫慰、來自藝術美感的陶養……

基於童年的經驗，我始終不能忘情於大自然，偶有閒暇，我總是急急從都市中脫身，寄情於山林溪流之間，讓身心稍稍喘息。偶而因為採訪，必須走入鄉間，那怕是窮鄉僻壤，那熟悉的鄉間景色總是讓我無限感動，覺得這才是真實的生活。

為了製作節目奔波於國外時，風情各異的各國風光，也常讓我逸興遄飛，忘了煩憂與勞頓。

我的另一半也是個喜愛大自然的人，除了靜態的欣賞自然美景之外，他還常常設計各種活動，讓回歸自然變得更生動有趣。

有了兒女之後，我們希望孩子也能從小體會自然之美，所以才幾個月大，就開始背著他們登山，讓他們接受大自然的洗禮。

在山間騎自行車更是一種愉快的經驗，那種御風而行的快感，真讓人塵慮盡消。

無論是登山還是騎車，在大自然中，我們找到了內心真正的寧靜，也增加了生命的力量。那種流汗之後，享受到的習習涼風，讓我感受到生命最真實而單純的快樂。

而我也發現，和我們一樣喜歡登山的人愈來愈多了，每到周末假日，山中小徑扶老攜幼，把一片山景點綴得更熱鬧了。

至於親情、友情的追求，也是人類最原始的需要，彌足珍貴。每當心情處於低潮，只要有來自親人、好友的關心鼓舞；即使這些關懷並不能發揮實質作用，環境依然、挫折也依然，但處在谷底的你，卻會覺得特別有力量，並從中獲得許多溫暖與安慰。

這些無形的東西，雖然看不見、摸不著，卻值得我們多花一些時間去追求。

其他如看畫展、聽音樂會、讀一本好書，均可舒緩情緒，使你的內心世界更加豐富，而其中尤以讀書最得我心。當讀一本好書時，不但可以暫時忘卻煩惱、悠遊其中，還能習得許多新的觀念，讓智慧迸出火花，或者，和一些偉大的心靈對話！那種快樂，平淡卻恆久。

八〇年代，大家追求的是金錢、地位與成就，但九〇年代以後，大家追求的卻是溫暖的家庭生活與回歸田園，家庭的價值重新被肯定，進入二十一世紀，人類對精神生活的覺醒更是風起雲湧。這些無形的東西可以豐富我們的人生，帶給我們快樂，再也不會變成負擔，是不是比有形的物質更值得我們追求？

質能互換的真諦

質能互換是什麼？

乍聽這個名詞，好像很玄，其實，也許我說清楚以後，你就會豁然開朗，原來生活裡有這麼多可以質能互換的事。

在談過許多有形與無形的追求後，也許有人會誤解有形的東西與無形的東西是分開的、截然對立的，事實上，就像我們小學時在自然課本中讀到的，木頭燃燒了，可以產生火及高溫，而火的用處可大了，可以煮食、加熱、照明……換句話說，物質燃燒了，會產生一種能量，而這種能量會比原來的物質更有用。

以更淺顯一些的例子來說，譬如我有個朋友，買了棟大房子，為了裝飾這棟房子，他投下了上千萬元的裝潢費，無論是樑柱、燈飾、壁飾、傢俱、地板……無一不考究。結果，房子裝潢得美侖美奐，卻有點像大飯店的總統套房一樣：美則美矣，就是缺少一點家的味道。

另一個朋友也買了棟房子，由於預算有限，他決定自己動手裝潢，除了親自設計、監工之外，很多傢俱擺設也是自己去挑選採購；由於他很懂得自己的需要，也頗有美感和設計天分，結果，只花了一百多萬元，就把家布置得舒適溫馨，各種功能也一一俱備。

我另有一個朋友，她很會穿衣服，每次打扮起來都好有味道，讓人以為她穿的都是名牌。後來一問之下才知，原來襯衫是地攤貨、裙子是菜市場買來的，那件外套則是去年換季大減價時添購的；但由於她擅於搭配拼湊，所以，便宜的東西也可以穿出品味，教人眼睛一亮。

還有一個朋友則非名牌不穿，是個典型的雅痞，每次到專賣店及精品店採購，信用卡隨便一刷都好幾萬。但每次見到她，雖然渾身都是名牌，卻怎麼看都不對勁，原來，因時間匆忙又不擅搭配，她常常是隨性亂穿，完全顯不出名家的風味，我們便笑她：「好東西穿在你身上可真糟蹋，那些外國名設計師看到你這麼穿，恐怕都要哭了！」

可見，即使是名牌，若不好好搭配運用、符合個人特質，穿在身上也顯不出美感，所以與其拚命買名牌，還不如好好研究一下穿衣哲學，找出自己的特色，也許不用花很多錢，就能穿出自己的風格來。

前面布置新居的例子也一樣，花了鉅資投入裝潢，設計裝修出的「樣品屋」，卻沒有自己的風格；相較之下，還不如懂得需要、又有點裝潢常識、審美眼光的後者，經濟效益與實用效果顯然是大多了。

而這兩個例子，也都說明了質能互換的神奇功效，錢多，或許不能完全解決問題；錢少，如果能活用自己的知識能力，可能會得到更多。

這兩個真實的事例讓我體會到，與其拚命追求物質上有形的東西，不如努力去開發心靈的力量；當心靈力量愈來愈大時，就算活得簡單樸實，也會覺得快樂豐富。

用關懷創造幸福

關懷是跳出自我陷阱的另一個利器。因為關懷就是把視線從自己身上移開，放到周遭的人事物上；關懷是不止看到自己的需要，也看到別人的需要，並且願意在能力範圍內為滿足這些需要盡點力。

其實把眼光從自己身上移開有很多好處。就拿害羞來說，如果不那麼在意自己的表現是否完美，而多關照周遭的人的需要與反應，也許就不會有害羞的感覺了。

關於這一點我有親身經驗。那也正是我在跟天生害羞內向的個性奮戰的時刻，我讀到一段話，大意是說：害羞的人主要是太注重自己了，才會在跟別人互動的時候產生焦慮，擔心自己應對失當；如果不那麼在意自己，而多注意對方，嘗試瞭解對方是一個什麼樣的人，他的興趣是什麼……焦點一轉移，就不會因為在意自己的表現而焦慮了。

我試著在每次感到害羞的時候運用這一招，果然發現相當管用。尤其有趣的是，我過去總以為大家都會注意我，所以害羞；沒想到我把眼光從自己身上移開後，才發現根本沒那麼多人在注意我，我把自己看得太重要了。

把眼光從自己身上移開，也可以轉化自憐的情緒。不是有句名言說：我正為自己沒有鞋穿而痛哭，一回頭才發現那人連腳都沒有。

我有個朋友原來怨天尤人，覺得生活一無是處，老公太忙，孩子不聽話，婆婆難伺候，家事太煩人……後來她到醫院去當義工，態度有了一百八十度的轉變，講起家人來口氣全變了。我很詫異地問她是什麼事情讓她變了這麼多？她說：「看了醫院裡那麼多不幸的人與事，我覺得我真是太幸福了，真該惜福。」

原來關懷別人、幫助別人還有那麼多好處，難怪好些人樂此不疲。而我也在投身社會服務工作中成長了許多。我感覺，關懷就像漣漪一樣，會一圈圈地擴散出去，當你需要的時候，也會擴散到你身邊。

除了關懷社會之外，更需要關懷的是你的家人。如果父母能真正關心孩子，瞭解孩子，使孩子在成長的過程中得到完整的愛與安全感，孩子會走上歧途的可能性很小。而一個充滿了愛與關懷的家，那真是人間的天堂。

如果幸福可以創造，我覺得關懷是最重要的一個方法。

自在——品嚐禪的滋味

自從我嚐過一點禪的滋味後，我覺得自在是值得追求的一種生活態度和境界。

那是民國八十二年九月，我第二次流產，身心俱疲，終於決定放下一切，到農禪寺參加禪修。

在聖嚴法師的指導下我打了三天的禪，從如何坐、如何臥、如何吃飯，經行的時候如何舉步，如何禮佛、到如何打坐，如何讓自己的內心安定、安靜下來，如何觀照自己的念頭、如何消除雜念、如何活在當下。

三天的禪修只是開始，卻使我的身心感受到前所未有的鬆弛，也學會如何放鬆，結果兩個月後，我再度懷孕，終於產下一個健康的寶寶。

而更大的收穫是，我終於體會到：原來行住坐臥處處是禪。禪可以說是一種生活態度、一種思維與觀念的轉化，一種圓融的智慧。它幫助我真實自在的活在這一刻，妄念和煩惱都少了很多。

自在的境界很難描述：大致上，當你專注的活在這一刻，心中充滿了寧靜安祥，有目的卻不強求，踏實而不患得患失、無憂無懼，就差不多接近了自在的境界。

新新人類認為：只要我喜歡有什麼不可以；現代人強調：要對自己好。可是什麼才是對自己好呢？是率性而為？是一時興起、不計後果？還是沉迷酒色財氣？

我認為對自己真正的好，就是活得自在，不跟自己也不和別人過不去，讓自己踏實寧靜，不憂不懼，忘掉煩惱與雜念，真實的活在現在。

祝福與感恩

年輕時，我常常向上天祈求好運和庇佑，但經歷了很多事，我發現其實我們一直是被祝福的。生命中的點點滴滴——困難、挫折、淚水，都有它的道理，沒有白走的路，所以無須追悔，需要的只是感恩。

記得《聖經》裡有一句話說，神會為你預備道路。回顧我走過的路，我深刻感受到：我一直走在一條預備好的道路上。它以一個又一個偶然，引領我發現我的熱情和天賦、創造我完成天命所需要的條件，幫助我一步步實現我的生命藍圖。

曾經我以為：華視就是我的家。我從研究所畢業就進去，它是我的第一份工作，從記者、製作人、主播、新聞主管到管理部主管，工作了近二十七年，得到了許多榮譽和肯定，也累積了相當的知名度，卻突然間遭到冷凍。

當時正值總統大選起跑，執政黨是綠營，我的先生隸屬藍營，而我就在這個節骨眼被告知要離開主管職。接著三一九槍擊案發生，藍營輸掉大選，我知道我不可能繼續留在這個我一路成長的家，於是毅然申請退休。

剛退休時，心裡充滿不平，也非常徬徨。但我想，上天一定有它的用意，與其埋怨，不如用心尋找它要我學習的新功課。

工作了大半輩子，一直非常忙碌，忽然閒下來，還真不能適應。我試著找電視圈的工作，卻發現路都被堵住了。還好，中廣邀我主持一個帶狀節目，我又回到新聞前線。在一次次的訪談中，我發現國人的健康真的亮起紅燈，罹患癌症的人越來越多，肥胖、心臟病、中風、糖尿病、腎臟病等各種生活型態疾病也大幅增加。

相形之下，我們一家自從蘇起罹癌後，力行飲食和生活作息的自我健康管理，加上每天一杯精力湯補充營養；不但身體越來越健康，還生了兩個寶寶，家庭更幸福！所以我想我有必要把我所知道的健康飲食方法，特別是簡單又容易實踐的精力湯食譜跟大家分享。

我才剛起心動念，立刻就有出版社找我出食譜，真是如有神助。原來曾經擔任記者的大開出版社社長許淑晴，在一個新書發表會上看到我，發現我比八年前蘇起擔任新聞局長、她到我家訪問時，氣色更好、看起來更年輕。她還記得訪問時，我不談政治、不談時事，話題繞著健康轉，還打了一杯特別的蔬果汁給她喝，又聽說我這些年一直在喝這種精力湯，心想我的好氣色也許跟精力湯有關，於是力邀我出食譜。

兩個人一拍即合，忙碌了大半年，《全食物密碼》新書上市了。沒想到，一出版就大為暢銷，成為當年度不分類別、前五大暢銷書，連我自己都嚇了一跳。我知道這不是我的能耐，而是因緣具足、社會有這個需求，我直覺我又走上了天命的道路。記得在製作《華視新聞雜誌》的十年間，我也有這種找到天命的感覺。當時，我也是受到上天滿滿的祝福，只要我是以公益利益為念，幾乎無往而不利，做什麼都得心應手。

接下來各種演講、媒體訪問邀約不斷。忽然之間，我成了養生達人，每本書都暢銷，而我也越忙越起勁，並且接下癌症關懷基金會的重擔，和一群學者專家一起推廣用全食物飲食防癌、抗癌。

生命轉了一個大彎，我這才看清楚，原來這就是上天為我預備的新道路。它讓我和蘇起經歷失去健康的痛苦和找回健康的喜悅；它讓我離開逐漸失去熱情的媒體工作；乃致於它讓我發現藉著改變飲食和生活作息就能找回自癒力；甚至體會到禪所帶來的身心自在；目的是要我幫助更多人健康，而且要從飲食做起，因為飲食跟體內環保和體外環保都有關係，好好吃不但能救自己，還能救地球。因此宣揚起全食物和精力湯，我滿懷使命感，朋友笑我，演講時眼睛都發亮。

離開，路更寬。

如果有一隻大手在照顧我們，我們何須為自己的未來憂懼。生命旅程充滿祝福和驚喜，我們只要滿懷信心和感恩，就會發現：柳暗花明，走過曲折和顛簸，正有一片大好風景在等著你。

存好心、說好話、做好事

我很喜歡星雲大師所說的：存好心、說好話、做好事。簡單一句話就把我們身、口、意要遵守的原則講得清清楚楚，也就是每天該怎麼想、怎麼說、怎麼做。

怎麼想、怎麼說、怎麼做，都牽涉到溝通。其實，人只要活著，就得時時溝通：和自己溝通，也和別人溝通。通常我們只注重和別人的溝通，而忽略了和自己溝通。但我覺得和自己溝通更為重要，也就是「該怎麼想」。

所以，我在前面章節所闡述的，大多是如何和自己好好溝通，也就是「存好心」：不斷觀照自己的起心動念、灌輸自己好的信念、多想歡樂的事、多讓成功的經驗充滿內心，並鼓舞自己大步前進。

每天早上起床時，可以對著鏡中的自己大聲說：「我是健康的！」或「我是可愛的、我是樂觀的！」這種自我暗示法十分有效，你果真會覺得自己那天特別健康、有精神或可愛、樂觀什麼的，這是對自己的祝福。

遇事時，不要只想到負面，要想到正面；不要總想到烏雲，要想到烏雲後面的陽光，或如何讓烏雲很快過去、陽光很快出現；多看美好的事物、看有意義的書、吸收有用的資訊，要與人為善，把所有不愉快趕走，讓自己念念積極樂觀，同時也把這些好的觀念散播出去，讓別人也同你一樣，這就是「說好話」、「做好事」。

佛家常講的法布施，其實就是這個觀念，人若能因你的傳達而改變某些想法、做法，則人生很可能會全然改觀；因此，若能力所及，我們何妨口角春風，多給別人一些鼓勵、關心，這樣於人於己都有好處。

我生活中最大的嗜好便是看書，不停追求人生哲理。我在這本書中所談到的經驗、體會，都是從古聖先賢——佛、儒、道，甚至是《聖經》慢慢學習到的，再經過自我實踐、歸納，所綜結出的生活態度。

換句話說，那些典籍都是許多偉大的心靈在看穿許多人事物之後的領悟，融會了他們畢生的智慧，而我恰好從他們身上學習到，也獲益良多。

所以，我也願把自己小小的體會與大家分享，也許這像是野人獻曝，不值一笑，但動機卻是好的。若每個人都願意把自己所學的告訴別人，大家互補一下，那麼，我們的世界必將更為美善。

至少我是深深嚐過心靈革命的好處，它使我重拾健康，長保年輕，樂在工作，勇於付出，生活愉快，家庭和諧。我真心希望它在你身上也能發揮同樣神奇的效果。

就讓我們重新開始——從心開始。

後記

《從心開始》第一次出版，我便掙扎了許久，一直覺得自己何能、何德，敢嘮嘮叨叨告訴別人怎麼思想、怎麼生活；更為剖開自己有點不安。

直到許多讀者跟我分享他們的心得。有些感受到我的誠懇；有些從書中得到鼓舞，包括：克服害羞、勇於嘗試、改變觀念；有位讀者說這本書陪她度過失業；有位媽媽說，她每晚都要看我的書，才能安心入睡。這些鼓勵讓我放心不少，總算沒有寫一本無用的書而災梨禍棗。

這天改寫再版，內心還是很猶疑，有許多拉扯，也琢磨了許久；誠懇仍是基調，而書寫最大的動力便是希望把聖嚴法師所教導的佛法、和自己體驗到的身心靈健康滋味跟更多人分享，希望鼓勵更多人走上追尋身心平衡、離苦得樂這條路。

正如聖嚴法師所說：「修行就是修正行為」，這是每天都要做的功課。很開心我找到了可以在日常生活中實踐的方法，也初步品嘗到自我消融的甜美滋味。而我也還在修行中。

願將這本書獻給聖嚴法師和我的父母，他們都是我人生最好的典範。

人生顧問193

從心開始——每天清除心靈癌細胞

作　者—陳月卿
主　編—戴偉傑
責任編輯—楊佩穎
封面設計—許晉維
封面攝影—林宗億
內頁設計—徐小碧
插　畫—徐小碧
內頁攝影—陳柏寧、林靜儀、徐小碧

總 編 輯—余宜芳
董 事 長—趙政岷
出 版 者—時報文化出版企業股份有限公司
108019 台北市和平西路三段 240 號三樓
發行專線—（02）2306-6842
讀者服務專線—0800-231-705、（02）2304-7103
讀者服務傳真—（02）2304-6858
郵撥—1934-4724 時報文化出版公司
信箱—10899 臺北華江橋郵局第 99 信箱
時報悅讀網— www.readingtimes.com.tw
電子郵件信箱— ctliving@readingtimes.com.tw
第一編輯部臉書— http://www.facebook.com/readingtimes.1
法律顧問—理律法律事務所　陳長文律師、李念祖律師
印　刷—紘億印刷有限公司
初版一刷—二〇一三年六月二十一日
初版九刷—二〇二一年八月二十五日
定　價—新台幣三〇〇元

時報文化出版公司成立於一九七五年，
並於一九九九年股票上櫃公開發行，於二〇〇八年脫離中時集團非屬旺中，
以「尊重智慧與創意的文化事業」為信念。

每天清除心靈癌細胞 / 陳月卿著 . -- 初版 . --
臺北市 : 時報文化 , 2013.06
面 ;　公分 . -- (人生顧問 ; 193)
ISBN 978-957-13-5712-6(平裝)

1. 修身 2. 生活指導

192.1　　102000120

ISNB：978-957-13-5712-6
Printed in Taiwan

附錄

翡翠銀耳羹

成品 850c.c

食材

▲青豆仁　100g　▲白果 56g
▲百合　10g　▲白木耳 10g　▲枸杞 3g
▲鹽　2 小匙（可不加或盡量少加）
▲熱開水　400cc

作法

1. 將白果、百合及白木耳洗淨，泡水約 30 分鐘。
2. 將青豆仁、白果、百合、白木耳及枸杞蒸熟備用。
3. 將青豆仁、1/3 白木耳、熱開水及鹽依序放入容杯，打 1 分鐘。
4. 再放入 2/3 的白木耳至容杯中，蓋緊杯蓋，啟動電源，將調速鈕由 1 轉至 10，再由 10 轉回 1，來回 3 次，利用轉速的變化切碎白木耳。
5. 最後倒入容器中，灑上百合、白果及枸杞，即完成翡翠銀耳羹。

營養叮嚀

部分食材切碎而不攪細，是為保持口感，增加咀嚼；如咀嚼不便，可一併放入容杯攪拌至細緻綿密。

秋涼補氣燉梨飲

成品 1000c.c

食材

▲水梨　1 顆（約 450g）
▲白木耳　10g　▲桂圓肉 5g
▲原色冰糖　1 大匙　▲冷開水 500cc

作法

1. 將白木耳洗淨，用好水浸泡 30 分鐘，將黃色蒂頭處剪掉備用。
2. 水梨洗淨，切塊備用。
3. 將所有食材置入電鍋內鍋，加 500cc 冷開水，外鍋加 2 杯水熬煮。
4. 將熟的白木耳拿起備用，再將蒸熟的水梨漿汁置入容杯，蓋緊杯蓋，打 1 分鐘。
5. 打開杯蓋，放入白木耳，蓋緊杯蓋，啟動電源，將調速鈕由 1 轉至 10，再由 10 轉回 1，來回 3 次，利用轉速的變化切碎食材即完成。

營養叮嚀

如果久咳未痊癒，可以加川貝母粉一起燉煮，效果更佳。

＊本附錄所提之轉速，為使用 Vitamax TNC 全營養調理機。

熱亞麻可可

成品 850c.c

食材

▲亞麻仁籽　2 大匙
▲可可粉　2 大匙
▲黑糖　2 大匙
▲熱開水　500cc

作法

1. 將所有食材置入容杯，啟動電源，打 30-40 秒即完成。

營養叮嚀

熱量低、口味佳，可作為咖啡的替代品。

百合薏仁奶漿

成品 850c.c

食材

▲煮熟薏仁　2 米杯（約生薏仁 70g）
▲煮熟百合　50g（約生百合 25g）
▲煮熟白木耳 200g（乾白木耳 10g）
▲原色冰糖　1 大匙
▲熱開水　720cc

作法

1. 薏仁洗淨，浸泡好水 4 小時；乾白木耳、乾百合洗淨，浸泡好水 30 分鐘。
2. 將白木耳、百合、薏仁一起放入電鍋，外鍋加 2 杯水，蒸熟備用。
3. 將所有材料置入容杯，蓋緊杯蓋，打 1 分半鐘即完成。

營養叮嚀

因化療而口腔潰爛者，溫熱或冷藏後飲用皆可。

米饅頭

成品
約 16 個

食材

▲糙米	150g
▲紫米	70g
▲地瓜	150g
▲小麥	210g
▲中筋麵粉	490g
▲原色冰糖	80g
▲發酵粉	15g
▲冷開水	450cc

營養叮嚀

吃不完的隔夜飯或粥，經過巧手也能變成美味點心。

作法

1. 將糙米、紫米及地瓜洗淨，450cc 冷開水，放電鍋內煮成紫米地瓜稀飯。
2. 將小麥放入調理容杯內，開機打約 1 分鐘，至小麥由顆粒轉為粉狀為止。
3. 將小麥粉、中筋麵粉及發酵粉混合均勻，並於工作桌上堆成粉牆備用。
4. 將紫米地瓜稀飯及原色冰糖放入容杯，蓋緊杯蓋，打約 1 分鐘（至容杯有點溫熱），過程中使用攪拌棒協助調理。完成後將容杯中的紫米地瓜泥倒入粉牆內混合，並揉至不沾手，且麵糰表面有光澤度為止。
5. 將麵糰放置室溫下，蓋上保鮮膜，醒約 1 小時（麵糰膨脹至約 2 倍大即可）。
6. 將麵糰取出，搓揉出空氣，再依個人喜好分切成適當的大小，在室溫下醒第二次（約 10 分鐘），即可放入電鍋或蒸籠蒸熟（使用電鍋時，外鍋放 1 杯半水；蒸籠則等水開後以大火蒸 15 分鐘）。
7. 也可直接將麵糰放入冷凍室冷凍保存，不需要讓麵糰再醒第二次，有需要時再拿出，待退冰後放入電鍋，外鍋加入一杯水蒸熟即可。

金棗醬

成品 250c.c

食材

▲金棗　200g
▲原色冰糖　100g
▲蜂蜜　25cc

作法

1. 將金棗洗淨擦乾，切開後去籽。
2. 將金棗放入容杯中，蓋緊杯蓋，啟動電源，將調速鈕轉到 6，打 20 秒。完成後將調速鈕轉回 1，關閉電源，將金棗果粒取出備用。
3. 將原色冰糖倒入炒鍋，以中火炒到糖開始溶化時，放入金棗果粒，不停翻炒約 10 分鐘，最後加入蜂蜜稍煮一會兒，即完成金棗醬。

薏仁核桃豆漿

成品 1000c.c

食材

▲蒸熟黃豆　120g　▲核桃　30g
▲熟紅薏仁飯　250g
▲原色冰糖　1 大匙　▲熱開水　600cc

作法

1. 黃豆用好水洗淨後，用好水浸泡（水是黃豆的 2 倍份量），放冰箱冷藏約 10-12 小時，直到豆子的芽苞膨脹如鴿胸狀。接著將浸泡黃豆的水倒掉，再用好水沖淨，放入電鍋內鍋，加入和黃豆齊平的水量，外鍋加 2 米杯的水，用電鍋蒸熟即可（也可用電子壓力鍋）。
2. 將紅薏仁洗淨，用好水浸泡 5 小時。
3. 將浸泡好的紅薏仁放入電鍋煮熟（外鍋放 5 杯水）。
4. 將蒸熟的黃豆、核桃、熱開水及原色冰糖依序置入容杯，打 2 分鐘。
5. 打開杯蓋，放入煮熟的紅薏仁飯，啟動電源，將調速鈕由 1 轉至 10，再由 10 轉回 1，來回 3 次，利用轉速的變化切碎紅薏仁後即完成。

杏仁奶酪

成品/4份 500c.c

食材

▲南杏　50g
▲腰果　50g
▲原色冰糖　15g
▲膠凍粉　1 大匙
▲熱開水　400cc

作法

1. 將南杏用熱水汆燙 5 分鐘，瀝乾水分備用。
2. 將所有食材放入容杯，蓋緊杯蓋，打 1 分鐘。完成後倒入容器中，靜置約 20 分鐘，待冷卻凝結後即完成。

火龍果優格

成品 1200c.c

食材

▲ 火龍果　2 顆（約 360g）
▲ 香蕉　2 根（約 360g）
▲ 原味優酪乳　500cc
▲ 冷開水　350cc

作法

1. 將火龍果洗淨去皮切塊，內層紫色果皮含豐富花青素，可用小刀刮下一起打。
2. 將火龍果、香蕉及冷開水置入容杯，開機打 40 秒。
3. 打開杯蓋，倒入原味優酪乳，蓋緊杯蓋，啟動電源，將調速鈕由 1 轉至 10，再由 10 轉回 1，來回 3 次，利用轉速的變化攪拌食材後即完成。

營養叮嚀

市售優酪乳含糖量較高，過多的熱量和糖分不利於體重、血脂肪和血糖的控制，應選不加糖的原味優酪乳，或在有機店買乳酸菌自製優酪乳。

山藥薏仁奶漿

成品 600c.c

食材

▲蒸熟山藥　150g（蒸熟後重量不變）
▲蒸熟薏仁　150g（約生薏仁 40g）
▲紅棗　12 顆（約 60g）
▲蒸熟芡實　150g（約生芡實 45g）
▲好水　100cc

作法

1. 將紅棗洗淨、去籽後，與好水一起放入電鍋中蒸熟備用。
2. 將蒸熟的山藥、薏仁、芡實、紅棗及蒸紅棗的水一起放入容杯，蓋緊杯蓋，打 60 秒即完成。

營養叮嚀

適合肝病腹水病人食用。除腹水病人之外，如果不喜歡太濃稠，可加 400cc 水蒸紅棗，則打出來的成品有 900cc。

葡萄藍莓精力湯

成品 900c.c

食材

▲ 苜蓿芽　10g
▲ 紫高麗菜　15g
▲ 葡萄　150g
▲ 蘋果　1 顆
▲ 藍莓　60g
▲ 綜合堅果　1 大匙
▲ 冷開水　540cc

作法

1. 將所有材料置入容杯中，蓋緊杯蓋，打 40 秒即完成。

高 C 精力湯

成品
750c.c

食材

▲牛番茄 150g
▲紅椒 150g
▲藍莓 30g
▲鳳梨 200g
▲綜合堅果 1 大匙
▲冷開水 200cc

作法

1. 將所有食材置入容杯，蓋緊杯蓋，啟動電源，打 40 秒即完成。

柳丁果蜜

成品
450c.c

食材

▲柳丁 4 顆

作法

1. 柳丁洗淨後將外皮去除，白色果瓤部分盡量保留，再將柳丁籽去除。
2. 將去皮去籽的柳丁置入容杯，蓋緊杯蓋，打 40 秒，過程中可使用攪拌棒協助調理。

芒果布丁

成品
約 6 杯

食材

▲芒果丁　400g
▲雞蛋蛋黃　3 顆
▲低脂鮮奶　300g
▲二砂　100g
▲葛粉　2 大匙（20g）
▲檸檬汁　1 大匙

作法

1. 將所有食材置入容杯，蓋緊杯蓋，啟動電源，打 1 分鐘，完成後打開杯蓋。
2. 倒入鍋中以中小火熬煮至約 70℃放入冷水中降溫，再放入冰箱冷藏即完成。

紫蘇梅番茄汁

成品
約 80c.c

食材

▲ 小番茄　240g
▲ 紫蘇梅汁　40cc
▲ 蘋果　1 顆（約 200g）
▲ 金桔　2 顆
▲ 冷開水　300cc

作法

1. 金桔去籽，備用。
2. 將所有食材置入容杯，蓋緊杯蓋，啟動電源，打 40 秒即完成。

紅蘿蔔蔓越莓汁

成品
約750c.c

食材

▲紅蘿蔔　110g
▲鳳梨　250g
▲蔓越莓乾　1 大匙（約 10g）
▲冷開水　380cc

作法

1. 將所有材料置入容杯，蓋緊杯蓋，打 1 分鐘即完成。

營養叮嚀

適合孕婦、更年期婦女食用。

紅棗黑豆漿

成品
1000c.c

食材

▲煮熟黑豆　2 米杯
▲去籽紅棗　8 顆
▲熱開水　800cc
▲糙米飯　1 米杯

作法

1. 將所有材料置入容杯，蓋緊杯蓋，打 1 分鐘即完成。

營養叮嚀

適合孕婦、更年期婦女、骨質疏鬆者食用。

桑椹果粒醬

成品 800c.c

食材

▲新鮮桑椹　800g
▲原色冰糖　400g

作法

1. 將 300g 新鮮桑椹及 400g 冰糖放入調理容杯中，蓋緊杯蓋，打 30 秒。
2. 打開杯蓋，再將 100g 新鮮桑椹放至容杯中，蓋緊杯蓋，啟動電源，不開高速，將調速鈕由 1 轉至 10，再由 10 轉回 1，來回 3 次，利用轉速的變化切碎食材。
3. 將容杯內的桑椹汁倒入炒鍋，開中火煮至沸騰後計時約 10 分鐘，再加入新鮮的桑椹 400g，煮至想要的濃稠度即可熄火，待冷卻後即完成。

營養叮嚀

▲用調理機來打桑椹，破壁效果可以釋放出植物膠質；若以傳統作法，約需熬煮 3-4 小時，以調理機打過之後只需熬煮 20 分鐘，節能省時，保留更多營養。
▲可當抹醬、沙拉醬，幫助化療患者增進食欲。

櫻桃鳳梨汁

成品 550c.c

食材

▲ 櫻桃　200g
▲ 鳳梨　150g
▲ 冷開水　200cc

作法

1. 將所有材料置入容杯，蓋緊杯蓋，打 1 分鐘即完成。

營養叮嚀

櫻桃和鳳梨都有補血、提高新陳代謝速率的功效。

攝影一徐小碧

蜜小金桔泡茶

食材

▲紅茶　500cc
▲蜜小金桔　適量

作法

1. 將小金桔洗淨，在蒂處切一十字。
2. 放入鍋中，開小火，撒上原色冰糖。
3. 煮至冰糖融化即可。
4. 放乾淨容器中儲存。（以上為蜜小金桔做法）
5. 準備 500cc 紅茶。
6. 加入適量蜜小金桔。
7. 泡約三十分鐘即可飲用。

溫檸檬水

食材

▲溫水　500cc
▲檸檬　切片兩片

作法

1. 準備 500cc 溫水。
2. 加入兩片檸檬切片。
3. 攪拌一下即可飲用。

[夏]

迷迭香檸水

食材

▲新鮮檸檬、迷迭香、水 適量

作法

1. 將當季的新鮮檸檬切成薄片。
2. 加入數葉的迷迭香及好水。

營養叮嚀

建議將檸檬外皮以天然無毒的清潔劑洗淨。

[每日健康一點點]

早晚各做二十分鐘運動。
選擇自己能做的。
持之以恆。

插畫—徐小碧

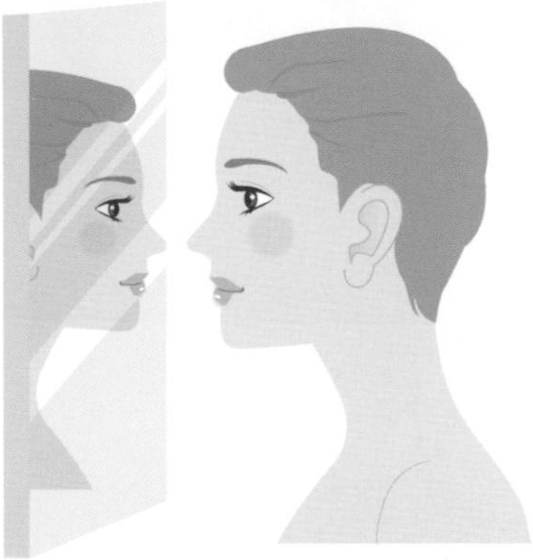

微笑法

緊張或處理公事時，可使用；平常也可多練習。

- 面對鏡子。
- 盡量微笑得越自然越好，同時練習說話時微笑。

深呼吸法

快要生氣、情緒不穩時，能讓心情平穩。

- 保持抬頭挺胸的端正姿勢。
- 閉上眼睛，完全放鬆。
- 感覺空氣由鼻孔緩緩吸入著下腹腔自然起伏，吸氣時，腹腔隨著凸起呼氣時，腹腔隨著凹下。
- 來回至少三次，呼吸宜深長、緩慢，並注意，吐氣時，盡量將氣吐完。

快走紓壓

- 暖身後，逐漸增快走路速度。
- 快走定義為十二分鐘走完一公里，每分鐘約走八十三公尺。
- 可視身體狀況調整，不須勉力完成。
- 以持續二十至三十分鐘為佳。

按摩紓壓

按壓手部指甲兩邊的井穴，可減緩不適的過敏症狀，促進末梢血液循環。

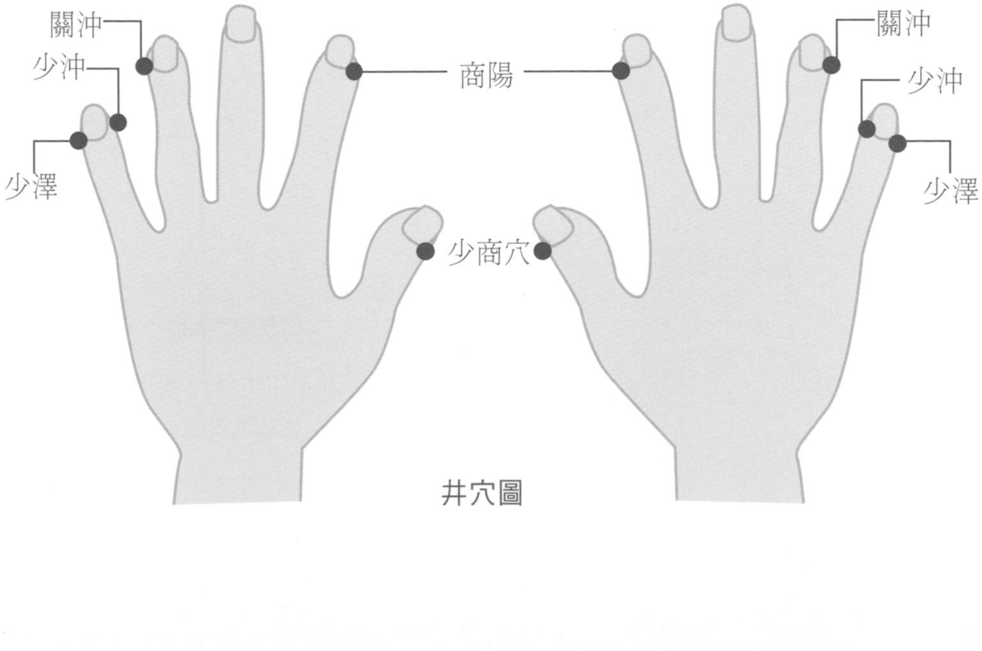

井穴圖

靜坐紓壓

1. 盤腿或坐在椅子上，全身放鬆，背保持挺直，手輕鬆置於腿上。
2. 眼睛稍微張開一點點，好像半閉半開的感覺，目光定於身前不遠處。
3. 眼睛微睜。眼觀鼻、鼻觀心。
4. 嘴唇輕閉，舌尖抵住上顎，不要用力，若有唾液可緩慢嚥入。
5. 用鼻子呼吸感覺微涼的氣息緩緩自鼻孔吸入，再緩緩吐出，越細愈長越好。

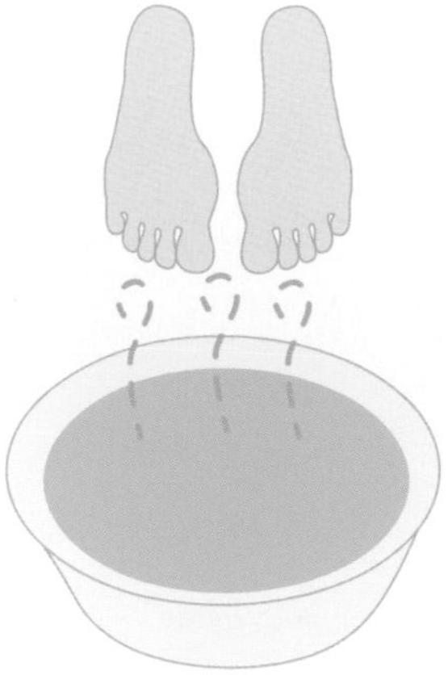

泡腳

1. 每晚睡前 15 分～ 20 分（水溫約 38℃～ 40℃）。
2. 紓壓排寒，促進血液循環助安眠。

廣　告　回　函
北區郵政管理局登記證
北 台 廣 字 第 1500 號

郵資已付　免貼郵票

10803
台北市萬華區和平西路三段240號三樓
時報文化出版企業股份有限公司 收

書名：從心開始 每天清除心靈癌細胞
書號：CFC0193

時報悅讀網
www.readingtimes.com.tw

◀◀ 請沿線撕下對折寄回 ▶▶

時報出版

請完整填寫資料及問題後，於 2013 年 9 月 30 日前將回函寄回 108 台北市萬華區和平西路三段 240 號三樓，就有機會獲得 Vitamix TNC 全營養調理機。

【影印無效，以郵戳為憑】

Vitamix TNC 全營養調理機

三台

【大侑健康企業 獨家提供】

備註

1. 得獎名單將於 2013 年 10 月 15 日公告於時報出版生活線官方 FB。得獎者將以電話與 E-mail 通知。
2. 獎品價值若超過 NT$20,000 以上，依國稅局規定須繳交 10% 稅金。
3. 限中獎者使用，獎品不得折現或其他產品。
4. 如有未竟事宜，以時報出版公告之訊息為準。
5. 時報出版享有本活動最終解釋權。

時報出版

從心開始 每天清除心靈癌細胞
讀者抽獎回函卡

姓　名　　　　　　　　　　　　　□女 □男　年齡

地　址（請寫郵遞區號）

電　話（日）　　　　（夜）　　　　手機

Email

學　歷 □國中（含以下）□高中職 □大專 □研究所以上

職　業 □生產/製造 □金融/商業 □傳播/廣告 □軍警/公務員
□教育/文化 □旅遊/運輸 □醫療/保健 □仲介/服務
□學生 □自由/家管 □其他

Q1 請問您從何處得知本書？
□書店 □雜誌廣告 □書評 □報紙 □廣播 □電視 □網路
□廣告 DM □親友介紹 □其他 ____________

Q2 請問您從何處購得本書？
□博客來網路書店 □誠品書店 □誠品網路書店 □金石堂實體書店
□金石堂網路書店 □時報悅讀網 □其他 ____________

Q3 請問您之前有買過時報的其他書籍嗎？
□有，書名 □沒有，第一次購買

Q4 請問您購買本書的原因為？
□主題符合需求 □封面吸引 □內容豐富 □喜歡書中作品 □喜愛作者
□價格合理 □其他 ____________

Q5 您還想看到時報出版哪方面的書籍？

Q6 您對本書有什麼建議呢？

滿足全家人喝好水的渴望
淬鍊自然精華的純淨好水
Vita Codes
水密碼活水機
獨家專利奈米竹炭濾管
2 層 7 道仿天然地層過濾系統
3 奈米小分子好水
富含礦物質健康生飲